귀를 훑으시는 하나님

최초의 저서는 1984년 스위스 코 에디션(CAUX EDITION)에서 나왔습니다. 1987년에 영어판으로 미국 Augsburg社에서 번역, 출판되었습니다. 《귀를 핥으시는 하나님》의 모든 판권은 비전북에 있습니다. 본서 중에서 간단한 인용이나 비판 등은 허용되지만 기타의 것에 대해서는 판권법에 의거 본 출판사에 허락을 얻어야 합니다.

귀를 핥으시는 하나님

초판 1쇄 발행　1998년 12월 29일
재판 1쇄 발행　2017년 9월 27일
재판 2쇄 발행　2024년 12월 9일

지은이 | 폴 투르니에(Paul Tournier)
옮긴이 | 임성기
펴낸이 | 박종태

펴낸곳 | 비전북
출판등록 | 2011년 2월 22일(제2022-000002호)
주　소 | 경기도 파주시 월롱산로 64 1층(야동동)
전　화 | (031) 907-3927
팩　스 | (031) 905-3927

마케팅 | 강한덕 박상진 박다혜
관리 | 정광석 박현석 김신근 정영도 조용희 이용주 김석현
경영지원 | 김태영 최영주

책임편집 : 드림북
표지디자인 : 최승협
본문디자인 : 민상기
인쇄 및 제본 : 예림인쇄

공급처 : (주) 비전북
전　화 : (031) 907-3927
팩　스 : (031) 905-3927

* 잘못된 책은 바꾸어 드립니다.
* 책값은 뒤표지에 있습니다.
ISBN 978-11-86387-25-2

폴 투르니에 탄생 100주년을 기념하며

귀를
핥으시는
하나님

폴 투르니에 지음 | 임성기 옮김

만남과 묵상을 통한 전인적 全人的 치유

비전북

저자근영

최초의 본서 한글판 출판을 위해 저자와 역자의 매니저인
찰스 피게 사장이 서명하고 있다.

| 추천의 글 |

폴 투르니에(Paul Tournier)가 의학계와 정신 병리학계에 이룩한 업적에 대한 평가회를 제네바에서 가졌습니다. 그가 죽은 지 12년째가 되었습니다. 그리고 그가 탄생한 지 100주년이 되었습니다.

제네바의 한 의사가 세계적으로 얼마나 큰 영향을 미쳤는가에 대해서 평가하였습니다. 《귀를 핥으시는 하나님(A Listening Ear)》의 한국어판은 최초의 프랑스어 원전이 기록된 지 14년 만에 나온 한국인의 쾌거입니다. 그 동안 영국을 비롯하여 미국, 독일, 이탈리아, 스웨덴, 그리고 일본 등에서 번역되었습니다.

투르니에의 업적은 과연 무엇입니까? 그것은 두 가지입니다.

그 첫 번째는 경험의 과학적 접근입니다 그는 자신이 '자유인'이라고 생각했습니다. 그의 환자도 이러한 자유를 깨닫기 바랐습니다. 어렸을 때 부모의 죽음으로 그의 삶이 억눌려 왔습니다. 그런데 영적 변화를 경험한 사람들과의 만남을 통해서 비로소 그는 이 억압에서 해방될 수 있었습니다.

두 번째는 하나님의 음성을 들으려는 사람들의 양심을 통해서, 말씀하시는 하나님의 음성을 듣는 것이었습니다. 그는 이 음성을 일생동안 들으려 노력했고, 이것이 그의 삶과 인격의 근본요소가 되었습니다.

이 책은 그가 남긴 20여 권의 저서 중에서 가장 최후의 것이기에 더욱 가치가 돋보이는 책입니다. 부디 이 책이 독자들에게 많은 영향이 있기를 바라며, 그의 사상과 업적을 기리는 세계의 모든 이들과의 참된 유대관계가 있으시기를 바랍니다.

1998. 9. 2
스위스 코(Caux)에서
찰스 피게(Charles Piguet)

| 재판을 내며 |

저자 폴 투르니에의 책이름은 A Listening Ear입니다. 이를 우리말로 하면 "들을 귀" 혹은 "듣는 귀"가 됩니다. 고등학교 영어 시험 문제에 나온다면 그렇게 쓰면 됩니다. 그러나 많은 분들의 관심과 인생 삶의 진리를 누구에게나, 그리고 모든 분들에게 읽히게 하기 위한 제목으로는 적합하지가 않습니다. 의역을 해서 "생각하며 묵상하며"라 하면 그 의미가 근접하기는 하지만 합당하지는 않습니다.

중요한 것은 저자의 뜻에 맞아야 합니다. 저는 하나님과 인간 사이에 있을 수 있는 육체적 관계를 생각해 보았습니다. 인간은 하나님을 이해하기가 어렵습니다. 하나님은 신이고 인간은 이 세상에 속한 피조물이기 때문입니다. 어떻게든지 우리 인간이 하나님을 알려면 우리의 방법과 문화로 애둘러서 하나님의 사실을 이해해야 합니다. 인간과 인간이 접촉하여 말을 전하며 듣는 그 자세로 하나님과 인간의 대화를 상상해 보았습니다. 사람들이 귀에다 대고 속삭일 때 그 이야기는 서로 잘 통합니다. 우리는 하나님의 말씀을 들으려 하지 않습니다. 홍해를 건너 가나안으로 가는 이스라엘 백성들처럼 말입니다. 그래서 하나님은 우리 인간의 귀에다 당신의 입을 대고, 하시고 싶은 말씀을 전해주십니다. 마치 애인이 귀를 핥으며 말하는 것처럼 말입니다.

이름을 밝히지 아니한 한 대학 교수가 그에 대해 너무 야한 표현이 아니냐고 말하면서 재판(再版)에 들어갈 때에는 제목을 바꾸는 것이 어떻겠느냐고 말씀했습니다. 나는 참으로 고맙게 생각하여 그러면 대안을 말씀해 달라고 하였습니다. 그러나 그분은 참 "그러네요."라고 말하며 전화를 끊었습니다. 나는 그 교수님께 다른 독자 분들께서도 자신들이 처음에는 그렇게 생각했다가 책을 읽어나가는 도중에 왜 제목이 그렇게 깊이 있게 표현됐는지에 대해 이해가 간다고 이야기 하더라고 말씀드렸습니다.

다음은 국민일보 1999년 1월 16일(토요일)자 신문에 난 「귀를 핥으시는 하나님」에 대한 기사로써 〈재판을 내며〉 서문을 대신하려 합니다.

세계 의학계와 정신 병리학계에 큰 영향을 끼친 스위스 제네바 출신의 의사 폴 투르니에(Paul Tournier)의 마지막 저서 *A Listening Ear*가 「귀를 핥으시는 하나님」이란 제목으로 새해 들어 국내에서 번역 출간됐다.

이 책은 12년 전에 사망한 투르니에의 탄생 1백주년에 맞추어 출판돼 더욱 값진 것으로 국내 기독출판계는 평가하고 있다.

「귀를 핥으시는 하나님」에는 죽음을 앞둔 투르니에의 묵상과 회상, 그리고 그가 크리스천 의학도로서 평생 추구해 온 영적인 치료에 대해 상세히 소개하고 있다.

또 결혼생활의 비법과 어떻게 늙어야 하는 지에 대해서도 밝히고 있다. 특히 투르니에는 지난날의 회상이란 테마의 글에서 인생에 있어서 만남이 가장 중요하다고 지적했다. 그는 목사이며 시인인 아버지가 자신이 태어난 지 두 달만에 돌아가셔서 어려서부터 늘 외로움의 그늘에서 살았다고 고백하며 그를 변화시킨 여러 만남을 이 글에서 소개했다.

3차원의 의학이라는 대목에서는 인간의 마음과 육체를 나누어 생각할 수 없다고 주장하여 의학이 더욱 발전하려면 하나님의 창조섭리를 깨달아 마음과 육체의 관계성을 분석, 증명해 나가야한다고 밝혔다.

그는 여기에서 원래 의학은 종교적인 사제의 신비한 직무에 해당하는 것이었다며 질병치료는 기독교의 한 몫이기도 하다고 강조했다.

투르니에는 이와 함께 행복한 결혼생활을 원하는 사람은 부부가 함께 하나님을 바라보며 묵상하는 시간을 가지면 된다고 이 책에서 설명하고 있다.

그는 특히 건강을 유지하며 늙으려면 젊은이들보다 더 열심히 일하라고 충고하고 있다. 편안하게 지내는 것은 젊은이에게도 해롭지만 노인들에게는 훨씬 더 해롭다는 것이다.

2017년 9월 5일
역자 임성기

les PIGUET
ident, CAUX EDITION / CAUX BOOKS
Treasurer, International Publishers Association (IPA)

Private office: 9, Avenue Eugène-Rambert, CH-1815 Clarens
Tel: +41 21 963 1867 e-mail: bookch@iprolink.ch

September 14, 1998

Mr. Lim, Sung-ki
World Mission and Culture Institute
58-1 Nakwon-dong, room 715
Chongno-gu
Seoul 110-320

Dear Lim, Sung-ki

I was so glad this summer at Caux to receive news and greetings from you through David Young. He said that you are well and commented on the importance of the work you are doing in relation with theNorth.

You had asked me to write an introduction to the Korean edition of *A Listening Ear*. You find it enclosed with my warmest wishes for you personally as you endeavour to express the life and thought of Paul Tournier in the language your people can understand.

As you know, this year marks the hundredth anniversary of Paul Tournier's birth. His books are still much in demand, specially among christians who are working in the medical field. An informal committee has been set up to gather his archives and make them available to those who want to study and get inspiration from his experience. We are having a fist working session on this in Bern at the end of this month.

This comes with warmest greetings to you and family,

Sincerely,
Claude

| 차 례 |

추천의 글 / 8
재판을 내며 / 11
스위스에서 온 편지 / 14

1. 나는 왜 글을 쓰는가? / 17
2. 들으며 묵상하며 / 21
3. 지난날의 회상 / 31
4. 인격적 치유 / 45
5. 3차원의 의학 / 75
6. 여성의 치유 / 99
7. 고난의 신비 / 119
8. 결혼생활의 비법 / 153
9. 어떻게 늙어야 하나? / 163
10. 내 인생에 기본 요소 / 191
11. 지금도 새 모험을 향하여… / 205

1

나는 왜 글을 쓰는가?

— 1980년 독일어로 출판된 한 저서의 머리말 —

무엇보다 먼저 서문을 쓴다는 것 자체가 나에게는 별로 내키지 않는 일입니다. 이런 생각은 도대체 내가 왜 글을 써야 하는가에 대한 생각으로까지 미쳤습니다. 나는 이에 대한 해답을 파리 태생의 한 미국 작가인 아나이스 닌(Anais Nin)의《멋진 남성의 매력에 대하여》(*In Favour of the Sensitive Man and other Essays*, W. H. Men, 1978)라는 작품에서 찾았습니다. "사람은 자신이 살 수 있는 세계를 만들어야 하기 때문에 글을 쓴다."는 것이었습니다. 나도 역시 같은 이유로 글을 쓰고 있습니다. 한 인간이 살 수 있는 세계는 적어도 사람들 사이에 진정한 접촉이 이루어지는 곳이어야 합니다. 내가 사는 세상에도 사람들이 서로의 마음을 열고 협력하는 순수한 삶이 이루어지는 곳이어야 한다고 생각합니다. 지나온 삶의 경험을 통해서 보면 일부러 이를 기대하거나 추구하지 않았음에도 이러한 삶이 가능했습니다. 그러므로 내가 이 글을 쓰는 것은 이러한 나의 일들을 독자들과 함께 나누고 싶기 때문입니다.

나는 환자들이 찾아오면 곧 그들과 친숙해지도록 노력합니다. 대부분 그들은 어떤 것은 말을 하고, 어떤 것은 말을 하지 않아야 한다는 계산을 염두에 두고 대화를 시작합니다. 대부분이 갇힌 마음으로 살아가고 있습니다. 그래서 처음으로 해야 할 일은 아무런 선입견이나 강박관념 없이, 스스로 자신들의 인생에 대해 모든 사실을 숨김없이 말할 수 있도록 하는 일입니다. 연령과 환경 조건에 관계없이 말입니다. 처음에는 말문을 열기가 어렵습니다. 한숨을 쉬며 어려운 일들을 고백하지만, 일단 하나 씩 모든 문제들을 이야기 한 후에는 기쁨을 느끼는 것 같았습니다. 문제가 있을 때에는 모든 사실을 말하는 것이 문제 해결의 첫 걸음입니다.

사람들이 누구나 모든 것을 다 말할 수는 없는 것입니다. 중요한 것은 어떻게 그들의 감정을 해소시키느냐는 것입니다. 인간에게 있어서 억압된 감정은 미처 겉으로 표출되지 않고 마음속에 남아 있어서, 그들의 삶에 자연적인 흐름을 가로막고 있는 것입니다. 우리가 자신의 부끄러운 사실들을 용감하게 받아들일 때 숨겨진 마음의 비밀들이 겉으로 드러나게 되고 문제는 해결됩니다. 뿐만 아니라 별것도 아닌 경험을 우연히 말함으로써 문제의

해답을 얻을 수도 있습니다. 반대로 아주 값지고 중요한 일들을 무심히 넘겨 버려 인생에 큰 계기가 되는 기회를 잃게 되는 경우도 있습니다.

사람들에게 있어서 서로 간의 마음을 여는 것은 결코 쉬운 일이 아닙니다. 결혼한 부부 사이에 있어서도, 친한 친구 사이에 있어서도 마찬가지입니다. 환자들 중에는 다른 사람에게 한 번도 말한 일이 없는 사실을 나에게 털어놓는 경우가 있습니다. 그 이유를 물었더니, 자신이 사람들에게 이해되지 못할까 두렵기 때문에 다른 사람에게는 자신의 말을 하지 못한다고 했습니다. 말하자면 과거에 인식되어진 자신의 이미지를 지키려는 것입니다. 자신이 남에게 좋은 사람으로 이해되어진다는 사실이 그에게 있어서는 살아갈 수 있는 유일한 힘이 되기 때문입니다. 이것은 우리가 어떤 문제에 부딪치더라도, 그리고 어떤 어려움이 생기더라도 이겨 나갈 수 있는 능력을 부여해 줍니다. 자신이 다른 사람에게 받아들여지고 이해되어진다면 그는 위장하여 자신을 감추려 하지 않을 것입니다. 그것이 진실의 순간이며 확신의 순간입니다. 그것은 그 사람 자신에게도 깊은 감명을 불러일으키고 듣는 상대방에게도 동일한 느낌을 줍니다. 나는 다만 머리로가 아니라 가슴으로 이해하려 합니다. 우리가 경험하는 이러한 신비한 반향(反響)들은 개별적인 접촉에서 일어납니다. 얀 드 루즈몽(Jean de Rougemont) 박사에 의하면, 인간들은 서로를 주구하기도 하고 동시에 서로를 배척하기도 한다고 합니다.

나는 현대인들의 고독에 대해서 생각해 왔습니다. 인간들 사이에 진정한 대화가 아주 드뭅니다. 우리들은 대화 할 때 주로 자기주장을 내세우고 자기 방식대로만 말을 합니다. 서로의 생각이 만나는 접촉점 없이 평행선을 달립니다. 철학가인 게오르그 구스도르프(Georges Gusdorf)는 그의 유명한 책《자신을 발견하기(*Discovering Oneself*)》에서 "지금의 이 순간이 곧 만남의 순간이 된다."고 말했습니다. 순수한 대화, 순수한 영화, 순수한 쇼, 그리고 순수한 설교, 감동적인 음악회 혹은 자연의 관조, 순수한 책 등, 이 모든 것들의 만남인 것입니다. 우리는 책에서 항상 작가가 표현하려는 생각(Idea)의 배후에 숨겨진 작가 자신의 의도를 추구하게 됩니다. 그 작가의 생각(Idea)이 재미있을 수도 있고 쟁점이 될 수도 있으며, 또한 우리의 마음을 움직여 감동을 주기도 합니다. 이것이 바로 만남이며 인간의 활력소입니다. 전혀 알지도 못하는 먼 나라의 어떤 독자가 나의 글을 읽고 특별한 감명을 받았다고 편지하는 일이 가끔 있습니다. 이 글이 당시에는 별 의미 없이 쓴 것임을 생각할 때 나는 참 이상하다고 느꼈습니다. 그러나 이것이 그와 나 사이를 이어주는 접착제가 된 것입니다. 책은 바로 이러한 역할을 해주는 매개체입니다. 아마도 어떤 독자가 자신의 인생을 잘 살아갈 수 있도록 그 책에서 힘을 얻었다면, 저자는 그 독자의 마음속에 살아 있는 것입니다. 인간은 남녀를 불문하고 누구나 모든 사안에서 개별적 접촉이 이루어지기를 바라고 마음의 만남을 추구합니다.

2

들으며 묵상하며

– 월간 잡지 〈변화(Change)〉에 실린 인터뷰, 1984년 2월호 –

 **질문시간**

▶ 오늘날 의사들은 매우 바쁘게 지냅니다. 박사님은 그런 와중에서도 조용한 묵상의 시간을 갖는다고 하셨습니다. 박사님께서는 지난 50년간 계속적인 묵상과 나눔을 통해 환자들을 치유하셨는데, 그에 대해 말씀을 해 주십시오.

현대인들은 불행하게도 조용한 시간을 갖지 못하고 삽니다. 침묵이 결여되어 있습니다. 그래서 그들은 이미 자신의 삶을 지배하지 못합니다. 그들에게 일어나는 사건에 의하여 이리저리 끌려다니게 됩니다. 마치 시계와 경쟁이라도 하듯이 촌음을 다투며 삽니다. 많은 사람들이 나를 보러 오는 것은 그들만의 조용한 시간을 갖고 싶어서 일 것이라고 생각합니다. 나는 다음에 무슨 일을 할 것인가를 늘 체크하며 바쁜 삶을 살아가는 사람이 아니라 사람들의 말을 여유 있게 들어가며 사는 사람입니다. 만일 여러분의 생활이 이미 스케줄로 가득 차 있다면 그 외의 것은 아무 것도 생각할 마음의 여유가 없을 것입니다. 하나님이라도 여러분들에게 들어 갈 틈새가 없겠지요. 그러므로 우리에게 필요한 것은 계획의 일부를 취소하여 생활을 가능 한 한 단순하게 만드는 일입니다.

▶ 묵상(silence)을 어떻게 정의할 수 있습니까?

참으로 정의하기 어렵습니다. 그러나 그것은 음성을 기다리는 것(waiting)이라고 말할 수 있습니다. 나는 나 자신을 새롭게 하기 위해서 하나님의 말씀을 기다립니다. 사도 바울이 말한 것처럼 울리는 꽹과리가 되지 않으려면 나 스스로가 창조적인 생각을 가져야 합니다. 이것이 나의 삶의 기본적인 철학입니다. 나로 하여금 사람들의 문제에 관심을 갖게 하고, 그것을 하나님의 관점에서 보게 하는 것은 이 침묵의 생활이 가능하게 하는 일입니다.

▶ 처음에 묵상할 때 어떠했습니까?

오랫동안 하나님의 말씀을 들으려 했으나 헛수고였습니다. 아무엇도 들리지 않았습니다.

▶ 다른 일들은 어떻게 처리하십니까?

그것이 문제가 되지요. 나 자신으로서는 내게 일어나는 일들을 그렇게 단순화시킬 수가 없습니다. 내게 있어서 가장 중요하게 생각되는 것은 하나님의 말씀을 듣는 것이고, 그 외에는 어떤 것도 중요하다고 생각하지 않습니다. 이러한 하나님의 말씀은 침묵 저편으로 들어가야 들을 수가 있습니다. 그러므로 침묵은 그 자체에 목적이 있는 것이 아니라 들을 수 있는 환경을 만들어 내는 방편일 뿐입니다. 가장 중요한 것은 가능성을 만드는 것입니다. 의식이나 무의식중에도 우리의 마음은 하나님으로부터 오는 생각을 받을 수 있는 도구가 되어야 합니다.

▶ 처음에 시도할 때 실패했는데, 후에 어떻게 해 내셨습니까?

그 후에도 나의 묵상생활은 그다지 바람직하지 못했습니다. 사람에게는 유의해야 할 어떤 생각들이 떠오릅니다. 이 때 그 생각을 문자화해야 합니다. 인간은 자신이 해야 할 아주 간단한 일들을 하지 않는 데에 문제가 있습니다. 진정으로 이것을 안다면 우리는 자신을 새롭게 발견하게 될 것입니다. 여기에 묵상의 가치가 있습니다.

▶ 정신분석학과 닮은 점이 있는 것 같습니다. 묵상의 가치에 대해 주장한 정신분석학자가 있습니까?

프로이드(Freud)입니다. 그는 그 힘의 위대함을 밝혀냈습니다. 정신분석에 의하면 환자는 묵상에 대해서 너무나 큰 부담을 느낀다고 합니다. 환자는 의사가 무엇인가 말해 주기를 갈망하고 있습니다. 그러나 묵상은 우리의 내적인 심연을 더 깊게 해주는 힘이 있습니다. 이것은 예수님의 생애를 통해서 그 예가 잘 나타나 있습니다. 그 분은 자주 광야로 가서 밤을 새우셨습니다. 사도 바울이 이 방법을 알았으며 모든 신비주의자들도 동일했습니다. 묵상은 사람이 새롭게 변화되어지는 중요한 계기를 만들어 줍니다.

▶ 묵상은 비기독교인의 인생에 있어서도 중요한 요소가 될 수 있습니까?

물론입니다. 묵상은 정신의학적인 측면에서 볼 수 있습니다. 저에게 있어서는 하나님의 말씀을 듣는 방법이 되며, 다른 사람에게 있어서는 자기 이해를 넓힐 수 있는 계기가 될 것입니다.

저는 사람들과 함께 자주 묵상의 시간을 갖습니다. 이로 인해서 서로가 서로를 잘 알 수 있게 됩니다. 도식적이거나 심리적인 방법에 의해서가 아니라 이해와 진실의 바탕에서 이루어집니다. 단순하게 세상을 살아가는 사람들이 5분 동안 침묵하며 하나님의 말씀을 듣는 기회를 갖는다면, 자신의 문제가 무엇인지에 대해서 하나씩 알아가게 될 것입니다. 철학교수라 할지라도 할 수 없는 일이, 어린이들에게는 가능합니다. 가식이 없는 진실은 드러나게 되어 있습니다. 참으로 단순한 일입니다. 그러나 현대인들은 바로 이 부분을 망각하고 살아갑니다.

▶ 지식인은 자신의 지식 때문에 묵상 생활에 지장을 받습니까?

그렇습니다. 의사가 다루기 어려운 환자는 대부분 지식인들입니다. 그래서 예수님은 우리가 어린아이와 같이 되지 않으면 하늘나라에 들어갈 수 없다고 말씀하셨습니다. 그러므로 지식인들이 깊은 영적인 체험을 하려면 그만한 대가를 치러야 할 것입니다.

▶ 박사님은 최근에 하신 강연에서, 묵상을 통해 자신이 겪고 있던 많은 문제들을 해결했다고 하셨는데 그 방법은 무엇입니까?

사람들이 의사에게 자신들의 문제를 말할 때에, 그들은 의사가 들어주는 성의에 따라서 문제 해결의 정도를 규정하게 됩니다. 이는 하나님과의 관계 속에서도 마찬가지로 적용됩니다. 인간이 자신의 문제를 하나님 앞에 내어놓고 묵상할 때, 그가 얼마나 진실함으로 깊이 있게 묵상하느냐에 따라 하나님께서 인정하시는 정도가 정해지게 됩니다.

▶ 박사님께서는 묵상을 다른 사람과 함께 한다고 말씀하셨습니다. 그럴 경우에 자신의 의견을 그들에게 강요할 위험성이 있지 않습니까?

사람들은 자신을 향한 하나님의 뜻이 무엇인가를 알아야 한다고 말하지만, 정작 나는 그들을 향한 하나님의 뜻이 무엇인지를 알지 못합니다. 환자들을 대하는 우리로서는 답답하고 안타까운 일이 아닐 수 없습니다.

하나님의 뜻이 무엇인지를 안다고 주장하는 사람들이 있습니다. 그들은 하늘의 신성한 진리를 아는 신적 능력을 지녔다고 말하며, 교만으로 다른 사람들에게 자신의 생각을 강요하게 됩니다. 그러나 나는 그렇게 되지 않도록 많은 주의를 기울였습니다. 제 자신은 하나님이 그들을 어떻게 인도하실지 전혀 알지 못합니다. 정신분석과 의사들조차도 환자들로 하여금 문제의 해결을 환자 자신이 찾도록 기대하고 있습니다. 만일 의사가 자신의 의견을 내세워 따르도록 한다면 그것은 문제 해결을 더욱 어렵게 만드는 결과를 초래할 뿐입니다.

▶ 사람들의 할 일에 대해서 말해 주는 것이 잘못이라면, 어떻게 다른 사람의 정신적인 폐쇄성에 대해 도움을 줄 수 있습니까?

나는 최근에서야 반감을 사지 않고 그들의 폐쇄성을 해결할 수 있는 길을 발견했습니다. 결혼한 부부 사이에서 묵상의 역할은 대단히 큽니다. 저와 제 아내 사이에서 묵상은 아주 필연적인 생활 과정입니다. 피차간에 상대방에게 잘못 이해될까, 혹은 비난을 받을까 하는 마음에서 서로 진실을 말하기 두려워합니다. 그러나 묵상의 시간을 가지게 되므로 상대방의 마음을 거스르는 것에 대해 두려워하는 마음이 사라지게 됩니다. 묵상의 과정이 없이는 서로 상대방이 듣기 좋아하는 말만 하게 되고, 자신의 부끄러운 문제에 대해서는 말을 하지 않게 됩니다. 부부간에도 비밀로 남겨두는 일이 있게 됩니다.

묵상은 서로를 알게 하는 진정한 길입니다. 많은 부부들이 자신의 잘못을 인정하는 용기가 있다고 말도 합니다. 함께 찬송을 부르며 기도도 합니다. 그러나 그들은 마음속의 담을 헐지 않고 있습니다. 서로를 향해서 진정한 마음을 열지 않기 때문입니다. 서로의 마음이 평행선으로 갑니다. 묵상의 시간을 통해서만, 다른 어떠한 방법으로도 성취할 수 없는 상호간의 마음의 문을 열 수 있는 길을 갖게 됩니다.

▶ 아침의 묵상(Quiet time, 조용히 듣는 시간)이 처음에는 매우 어려운데, 사람들이 이것을 자연스럽게 할 수 있는 방법이 있습니까?

문제의 해결을 위해 끈질기게 묵상 시간을 가져야 합니다. 때때로 우리는 자신이 생각한 판단을 고집하려는 의지로 그 일을 몰고 가는 경향이 있습니다. 우리가 영적인 교제의 시간을 갖게 되면 그 문제는 다시 원점으로 돌아가 새롭게 시작될 수 있습니다. 결과적으로 불필요한 동기에서 일이 처리되지 않게 됩니다.

▶ 박사님께서는 규칙에 의해 제약받는 것을 좋지 않게 생각하신다고 들었습니다. 온전한 묵상을 하려면 어떤 규칙이 있어야 하는지요?

나는 묵상하면서 떠오르는 생각을 노트에 적습니다. 이런 방법이 모든 사람에게 적합한지는 모르겠지만 연필을 가지고 묵상한다고 해서 방해되는 일도 아닙니다. 나는 아침의 묵상을 통해서 하루의 삶을 그려냅니다. 나의 생각이 잊히는 것을 방지하지요. 또 한편으로는 나 자신의 일에 대한 확신과 더불어 사명감까지 가지게 됩니다.

▶ 어떻게 그것이 자신의 생각이 아니고 하나님의 음성이라고 생각하십니까?

될 수 있으면 그렇게 생각하지 않습니다. 하나님의 생각과 사람의 생각은 같지 않기 때문입니다. 그러나 전체적으로 보면, 인간의 가장 순수한 생각이 하나님으로부터 연유된다는 사실을 부정하기도 어려운 노릇입니다.

▶ 마지막 한 가지 여쭈어 볼 말씀은, 우리에게 생각나는 많은 것

들 중에서 어떻게 하나님의 뜻을 구별해 낼 수 있는가 하는 것입니다.

가장 중요한 것은 인내심입니다. 나의 경우를 예로 든다면, 한때 나는 목사가 되기 위해서 의사를 포기할 생각까지 했습니다. 그런 집념이 계속해서 나를 따라 다녔지만, 나의 아내는 이에 동의하지 않았습니다. 우리가 알다시피 하나님의 뜻이 어디에 있는지를 안다는 것은 그렇게 쉬운 일이 아니지 않습니까? 우리는 몇 달 동안이나 결정을 내리지 못하고 갈등했습니다. 어느 때는 절망에 빠지기까지 했습니다. 그러나 결국에 의학을 포기하지 않아야 된다는 확신이 섰습니다. 내 자신이 경험한 신앙적인 체험들을 의학적 치유에 도입하여 적용시켜 나가기로 한 것입니다.

갑자기 모든 것이 명확해졌습니다. 그것은 타협이 아니었습니다. 이는 나의 삶에 있어서 하나의 종합적 예술이었고, 또한 하나의 창조적인 길이었습니다. 승리의 삶이라기보다는 제3의 길을 택했다고 할 수 있습니다. 인간이 찾아낼 수 있는 가장 창조적인 길이 아닌가 하는 생각도 했습니다. 내가 거리낌 없이 말할 수 있는 것은, 이러한 과정에서 하나님이 나를 직접 인도하시도록 했다는 점입니다. 인내로 참고 기다리는 것이 절대적입니다. 하나님의 의지가 확인되면 모든 사람들은 이를 확실하게 받아들일 수 있게 됩니다. 만일 이런 일이 하나님의 뜻이라고 쉽게 생각된다면 인간은 안일함과 교만에 빠지고 말 것입니다.

3

지난날의 회상
― 젊은이들과의 만남에서, 1981년 ―

　내가 인생에 있어서 가장 중요하게 생각하는 것은 '만남(Encounter)'입니다. 사람과 만나고, 사상과 만나고 또한 자연과 만납니다. 그 중에서도 인간의 만남 배후에 있는 하나님과의 만남은 가장 중요한 만남입니다. 알사스 지방의 철학자인 구스도르프(Gusdorf)는 사람이 나이가 들면 자신의 인생을 회고하게 되며, 특히 자신의 중요한 전환점이 된 시기를 생각하게 된다고 했습니다. 그에게는 찰스 세크리탄(Charles Secretan)과의 만남이 그러했습니다. 세크리탄은 스위스 바우드주(州) 사람으로 자신의 철학적 안목이 어떻게 형성되었는가에 대해서 구스도르프에게 말해 주었습니다. 스위스 몽추럴(Montreux)시의 한 교회 테라

스에서 놀라운 경치를 바라보며 시작된 두 사람의 만남은 이들의 인생을 새롭게 탄생시킨 계기가 되었습니다.

내게 있어서도 '만남'이 생애의 새로운 출발점이 되었습니다. 나의 아버지는 목사이며 시인이었습니다. 내가 세상에 태어났을 때, 아버지는 70세의 고령이었고 내가 세상에 나온 지 두 달 만에 돌아가셨습니다. 어머니와 누님이 남았는데, 어머니마저 6살 되던 해에 돌아가시고 말았습니다. 나는 어려서부터 사람들과 격리된 삶을 살아야 했고, 스스로의 삶을 개척해야 했습니다. 오늘날 사람들은 나를 보며 잘 성장하여 왔다고들 말합니다. 그러나 그렇지 않았습니다. 나는 참으로 비정상적인 아이였습니다. 얼굴에는 늘 그늘이 드리워져 있었고, 사람을 두려워하며 다른 아이들과도 잘 어울리지를 못했습니다. 아이들과 함께 이야기를 나누려면 곧 할 말이 없어져 두려운 침묵이 생기곤 했습니다. 견디기가 너무나 힘들었습니다. 나의 어린 시절은 영적인 고독의 시기였습니다. 도저히 스스로 살아갈 수 없었습니다. 당시에 수많은 사람들이 나를 만났고 거쳐 갔지만 어느 누구도 내 마음속에 남아있지 않았습니다.

16살 되던 해에 우리 학교의 한 선생님께서는 이 어려운 소년을 향하여 친절한 손길을 내밀었습니다. 어느 날 그 분이 나를 자신의 집에 초청한 것입니다. 이것이 나의 첫 번째 만남이었습니다. 그분의 작은 서재로 들어갈 때에 나는 두려워서 어쩔 줄을 몰랐습니다. 방 사면이 바닥부터 천장까지 책으로 가득 차 있었습니다. 나는 무슨 말을 해야 할지 몰랐고 그 분도 역시 머뭇거렸습니다. 그분은 비로소 입을 열어 말했습니다.

"우리 이제는 터놓고 이야기하자. 나를 선생이라 생각하지 말고 이야기해봐. 우리는 둘 다 남자니까 남자 대 남자로 말하는 거야."

나는 비로소 한 사람을 만나게 된 것입니다. 처음으로 나에게도 가능성이 있다는 사실을 깨달았습니다. 그 후 모든 인간에게는 가능성이 있다는 사실을 알게 되었고, 그 분이 내게 중요한 계기를 만들어 주었다고 생각했습니다. 그를 통하여 내가 존재한 것입니다. 나는 이미 선생님 앞에 서 있는 학생이 아니었습니다. 한 인간 앞에 서 있는 한 인간이었습니다. 정상적인 인간관계를 맺으며 살아가는 우리의 삶 속에는, 각자에게 자신이 맡은 바 일정한 역할이 있게 마련입니다. 내가 여기서 말하는 인간관계란 우리가 맡은 역할이 어떤 것이든지 문제가 되지 않는다는 것입니다. 우리의 역할이 환자이든 의사이든, 혹은 학생이든 선생이든 그것은 중요한 것이 아니고 독립된 한 인간으로서의 역할이 중요하다는 말입니다.

선생님과 나 사이에는 이러한 밀접한 관계가 형성되어 몇 년간을 매주에 한 번씩 만났습니다. 결혼 후 우리를 처음으로 초대해 준 분도 그 선생님이었습니다. 그리스 문화를 가르치는 그 분은 또한 철학자이셨기 때문에, 우리는 장시간 지적(知的)인 토론에 열중하기도 했습니다. 나도 이제는 사회에서 나 자신의 생각을 표현할 줄 아는 사람이 되었습니다. 이처럼 사람들과 마음대로 대화할 수 있게 되었다는 사실이 신기하게만 느껴졌습니다.

대학에 들어갔을 때에는 총 학생회장이 되었고, 조핑겐(Zofingen)의 학생노조 중앙 의장까지 되었습니다. 적십자 대표로서 나는 러시아의 전범들을 본국으로 송환하는 일에 앞장섰고, 종교적으로는 '칼빈으로 돌아가자(back to Calvin)'는 운동을 확산하여 제네바에 있는 교회들에 큰 파문을 일으키기도 했습니다. 인생의 새로운 출발점이 되었던 이 전환점은 내게 새로운 세계로 가는 길을 열어 주었습니다. 이와 같은 제1의 만남 뒤에 나에게는 제2의 만남이 찾아 왔습니다.

세계 도덕재무장회의(Moral Re-Armament Movement)가 1932년 봄, 제네바에서 열렸습니다. 그 당시 나는 개혁교회의 제네바 교구협회 총무였기 때문에 MRA 창시자인 프랭크 북맨(Frank Buchman)으로부터 성 베드로 성당에서 모임을 갖도록 허락해 달라는 요청을 받게 되었습니다. 회의에 참석하는 대표들의 예배 및 회의장소로 사용할 생각이었습니다. 친구 목사(Pastor Jean de Saussure)의 추천도 있고 해서 교구장의 허락을 얻어내었고, 이 생면부지의 사람들에게 성당의 사용을 허가토록 하였습니다. 그러나 나는 그들의 예배에는 참석하지 않았습니다. 당시에는 그들이 벌이는 운동에 나 자신이 깊이 관여하게 되리라고는 결코 상상도 못했습니다.

여름휴가 동안에 헨리 멘다(Dr. Henri Mentha) 박사와 나는 교환 의사로서 환자를 진료하게 되었습니다. 산부인과 환자였습니다. 그녀의 남편은 세계국가연맹(League of Nations, UN의 전신)에 출입이 보장된 독일 국적의 언론인이었습니다. 안내원에게 그녀의 방 호수를 물었더니 까다롭기로 이름난 남작 부인이라고 말해 주었습니다. 한눈에 보아도 그런 것 같았습니다. 남편을 종 부리듯 하는 극도의 자기중심적인 인물이었습니다.

어느 가을날, 친구 의사인 멘다가 그 남작부인이 변했다는 말을 하기에, 나는 "그렇지 않을 텐데…"라고 대답했습니다. 그러나 나의 예상과는 달리, 정말로 그녀는 하녀를 데리고 내 친구 의사를 찾아가서 자신의 잘못된 과거를 뉘우치는 고백을 했다는 것입니다. 기적이 일어났습니다.

헨리 멘다와 나는 7년 전에 그가 창설한 '관심을 요하는 교회 자녀들(The worried sons of the church)'이라는 그룹의 일원이었습니다. 평신도와 목회자들로 구성된 이 모임의 취지는 교회의 새 변화를 모색하자는 것이었습니다. 우리는 그녀에게, 자신에게 일어난 변화에 대한 간증을 요청했습니다. 우리는 유명한 은행가의 후손인 메이트르 헨리 넥커(Maitre Henri Necker)의 거대한 집으로 그들 일행을 초청하였습니다. 이 집은 프랑스 대사의 궁궐 같은 저택과 나란히 서 있는 집이었습니다. 이 집에는 값진 유화와 초상화들이 진열되어 있었습니다. 1932년 11월 23일에 모임이 이루어졌습니다.

세 사람의 교수가 취리히(Zurich) 대학으로부터 초청되었습니다. 역사가인 데오빌 스페리(Theophile Spoerri), 신학자인 에밀 부르너(Emil Brunner), 정신과 의사인 알퐁스 마에더(Alphonse Maeder) 그리고 국제연합(the League of Nations)에서 온 고위급 인사(Jan de Bordes)가 함께 참석하였습니다. 그는 오스트리아의 경제 전문가로서 교회 개혁의 선봉이었습니다.

우리는 그들의 방법이 무엇이며, 어떻게 그런 결과를 성취할 수 있었는지에 대해서 물었습니다. 그러나 그들의 대답은 실망스러운 것뿐이었습니다. 그들은 단순히 일상생활에서 일어날 수 있는 잡스러운 일들에 대해서만 이야기할 뿐, 어떤 방법도 말해 주지 않았습니다.

어떤 사람(Jan de Bordes)이 일어나서 묵상에 대한 이야기를 했고, 나는 그에게 다가가서 얼마나 오랜 시간 묵상을 하느냐고 물었습니다.

"형편에 달렸지요."라는 대답에 나는 정확한 답변을 해달라고 했습니다.

"뭐, 평균 한 시간이 될까요! 때로는 더하기도 하지요."

다음날 아침에 나는 여느 때보다 일찍 일어났습니다. 잠들어 있는 아내를 깨우지 않은 채, 조심스레 서재로 가서 묵상시간을 가지며 어떤 일이 일어나는가 시험해 보았습니다. 때때로 시계를 들여다보며 시간 가기만을 기다렸습니다. 한 시간이 다 되었는데도 결국 아무 일도 일어나지 않았습니다. 그러고 나서 시계를 다시 손에 차고 "인내심을 갖고 더 노력을 해야지!"라고 생각했습니다. 그 때 갑자기 하나님으로부터 어떤 생각이 올 수 있다는 확신이 들었습니다. 그래서 나는 인내하며 기다렸습니다.

 나는 제네바에 있는 한 국제서클에 소개된 적이 있습니다. 그들은 아주 단순한 생각을 가지고 있었습니다. 곧 "이 세상의 문제는 사실 개인적인 문제에서 온다"는 것이었습니다. 나는 스스로에게 닥친 큰 문제에 대한 해답을 얻으려고 갈급해 하였습니다. 국제연합에서 온 친구도 동일한 마음을 고백하여 나의 지나온 생활을 돌아보게 되었습니다. 나는 교회 일에 관여하며 살아왔지만, 아직도 하나님에 대한 개인적인 경험을 해보지 못했습니다. 그도 역시 같은 문제로 고민하고 있었으며, 나를 자신의 집으로 데리고 가서 인간적인 입장에서 자세하게 이야기 해주었습니다. 플라톤이나 모모한 철학자들에 관한 이야기가 아니라, 확신을 가지고 신앙 생활하는 이들에 의해서 자신이 어떻게 신앙의 확신을 얻게 되었는가를 이야기했습니다. 하나님의 부르심에 대한 반응으로, 자신의 인생에 있어서 잘못 되었던 과거를 구체적으로 청소해 냈다는 것이었습니다. 나는 어떻게 해야 할 것인가? 나 자신도 스스로에 대해 말할 필요가 있었습니다. 나는 난생 처음으로, 나이 서른두 살에 어릴 적부터 마음속 깊이에 감추어 두었던 고아로서의 아픈 상처를 모두 다 털어놓았습니다.

 그 때 성령의 바람이 제네바 전체에 흘러 넘쳐서 많은 사람들이 감동을 받았고, 이 바람은 교회에까지 번져 나갔습니다. 이는 사람들의 말로 전해진 것이 아니라 한 사람의 침묵의 나눔을 통해서 교회에 작용한 것입니다.

내가 회상할 수 있는 또 한 사람이 있습니다. 그는 일요일이면 스키를 타러 가는 소위 스키클럽의 회장(Maurice Thudichum)이었습니다. 나는 그들을 위해서 목요일에 시간을 내어 예배를 드리기로 했습니다. 처음에 그는 "당신은 믿지 않는 내가 이 예배에 참석하리라고 생각합니까?"라고 하면서 호응하지 않았습니다. 그러나 얼마 지나지 않아 그는 "나는 예배에 참석한다는 것을 백지에 사인하겠습니다. 하나님께서는 이 백지에 당신의 원하시는 말씀을 기록하실 것입니다."라고 말했습니다. 그것이 그의 결단이었습니다. 그는 2차 세계대전 당시 가스실에서 죽어 가는 이들의 명단을 기록하는 일을 해 내었습니다.

또 한 사람은 신학교 교수(Professor Gampert)였습니다. 도덕재무장회의에 참석했을 때, 프랭크 북맨 박사는 그에게 묵상의 시간을 함께 갖자고 제의했습니다. 나의 평소 생각으로는, 묵상이란 눈을 감고 조용히 있는 것이었는데 그는 눈을 뜨고 계속 무엇인가를 쓰고 있었습니다. 그리고 나서 자신의 친구 몇 사람을 우리 집에 초청해 줄 것을 제안했고, 나는 이에 기쁘게 동의하여 우리 집에서 간단한 기도회를 가졌습니다. 마칠 때쯤에는 무엇인가를 말해 줄 것이라고 생각했던 나의 기대와는 달리 아무 말도 하지 않은 채 그들은 그냥 돌아가 버렸습니다.

그 교수는 아이러니컬하게도 신학자인 자신이 변해 있었다고 말했습니다. 그는 죽기 얼마 전에 강단에 서서 마지막 증언을 하며 자신의 변화된 이야기를 했습니다. "나는 바로 성경에 나오는 탕자의 형과 같은 사람이었다."라고….

1937년은 내 인생에 있어서 또 다른 새 출발의 계기가 되었던 해였습니다. 옥스퍼드(Oxford) 모임에서 프랭크 북맨을 만난 것입니다. 그는 사람들 앞에서, 우리의 개인적인 헌신의 결단이 공적인 업무나 사회생활에 적용되어야 한다고 말했습니다. 나는 먼저 환자들이 영적으로 건전해지고 도덕적으로 바르게 되도록 하는데 일생을 바치기로 결심하였고, 이를 나의 동료들과 의논하였습니다. 한 친구(Schlemmer)를 찾아가 오후 내내, 지금은 용암이 나오지 않고 사화산이 된 산등성이를 오르며 대화를 나누었습니다. 그는 자신에게 큰 영향을 끼친 프랑스 의사 카톤(Paul Carton)의 이야기를 해 주었습니다. 자신은 참으로 좁은 마음의 소유자였는데, 그가 자신을 변화시켜 모든 사람을 수용할 수 있는 넓은 마음의 소유자로 만들어 주었다고 했습니다. 그가 의과대학 학생이었을 때에, 의사들의 환자에 대한 경멸과 무시하는 태도를 보고 의학을 포기하려 했다는 것입니다. 만일 그 때 스승(Carton)의 열린 마음을 접하지 않았었다면 그의 의학도로서의 인생은 거기에서 포기되었을 것이라고 했습니다.

1940년에 나는 ≪인격적 치유(*The Healing of Persons*)≫라는

제목의 책을 쓰고서 그 원고를 6명의 친구에게 보냈습니다. 후에 베른(Berne)에 모여서 그 결과에 대해 토론하였습니다. 처음 쓴 원고인 만큼 읽기가 어려웠을 것입니다. 그러나 멘다(Menda)는 세밀히 검토하여 각 장마다 어떤 부분은 빼기도 하고, 또 어떤 부분은 새로 삽입하기도 하면서 교정해 놓았습니다.

마에다(Maeder)는 제안하기를, 첫째 장(章)을 먼저 의학잡지에 투고하여 사람들의 반응을 본 다음 그에 따라서 다음 장을 싣는 방법을 택하는 것이 좋겠다고 말했습니다. 이것은 모두 나를 실망시키는 제안들이었습니다. 다시 말하면 나의 글은 책으로서 출판하기에는 미흡하다는 결론인 셈입니다. 나는 그 후 몇 달간을 실망과 낙심 가운데 보냈습니다. 과연 내가 쓴 글이 현실과 거리가 먼 것인가! 그러나 그들의 의견을 모두 수용한다면 이 책은 이미 나의 책이 아닌 것이라고 생각했습니다. 사람들은 내가 난처하게 되었다고 했습니다. 그 때 한 친구가 찾아와서 "하나님께 맡기는 것이 좋겠다."는 말을 남겼습니다. 나는 시간을 내어 원고를 다시 읽으면서 교정해 나갔습니다. 결국에는 원고를 처음부터 끝까지 다시 쓴 셈입니다. 지금 이 책은 20여 개국 언어로 번역, 출판되었습니다.

나는 25회 이상의 강연을 위해 일본으로부터 초청을 받았습니다. 일본에서 강연을 하게 되면 자연히 지난 2차 세계대전에 대해서 말해야 할 것 같은 생각이 들었습니다. 그러자면 일본이 미국의 진주만을 공격한 사실과 원자탄을 맞고 나서야 전쟁을 끝낸 사실에 대해서 비판을 해야 했습니다. 도대체 어느 누가 일본에서 이러한 말을 할 수 있겠습니까? 대학에서 강연을 했는데, 나는 그들에게 반감을 불러일으키게 될 것을 우려하여 전쟁에 대해서는 언급을 회피하였습니다. 나의 강연 여행은 거의 중반을 지나고 있었습니다. 그들은 나에게 호의를 베풀기 위하여 고위급 인사들이 대거 참석하는 큰 강연회를 열고 세기적인 연설을 해줄 것을 기대하고 있었습니다. 그러나 나는 마땅히 해야 할 말을 하지 않고 있는 자신에 대해 심한 자책감에 빠져 있었습니다.

그날 밤 하나님께서는 나를 깨워 이렇게 말씀하셨습니다. "폴, 도대체 지금 너는 무엇을 하고 있는가? 일본 방문이 단순히 개인적인 친분 때문은 아니지 않는가? 너는 마음속에 있는 가장 긴급하고도 중요한 말을 하지 않고 있다. 너는 바로 배신자이다. 네게 부여된 메시지(Message)를 거역하고 있는 것이다."

다음날 나의 통역관은 불교신자로 결정되었는데, 그는 중세 프랑스 문학을 전공한 여인이었습니다. 우리는 나라(Nara)에 있는 한 불교 사원을 방문하기로 하여 불상 앞에서 시간을 보내다 역내로 나와서 같이 걸었습니다. 그 때 "이 사람에게 도움을 청하자. 아마 하나님께서는 이 사람을 통해서 역사하실 지도 모른다."라는 생각이 떠올랐습니다. 나는 그녀에게 어디 앉아서 조용히 이야기 할 시간을 갖자고 제안했습니다. 그리고 나의 마음속에 있는 문제에 대해서 솔직히 말했습니다. "진주만 공격, 일본의 패전 등과 같은 미묘한 주제에 관해서 말해도 괜찮을까요?" 10여 분

동안 침묵으로 묵상하고 나서 이 젊은 여인의 생각을 물었습니다. 그녀는 "전쟁과 패전, 원자탄 등, 사람들은 이런 문제들에 관하여 생각은 하지만 아무도 말을 하지 않습니다. 만일 당신이 이 문제에 대해서 사랑하는 마음을 가지고 솔직하게 말한다면 그들은 받아들일 것입니다"라고 말했습니다.

그날 저녁에 나는 고베(Kobe)에서 강연하기로 되어 있었고, 강연장은 입추의 여지도 없이 사람들로 가득 차 있었습니다. 마침내 나는 진주만에 대해서 말을 꺼냈으며 일본의 패전에 대해서도 말했습니다. 또한 히로히토 황제(Emperor Hirohito)의 패전 항복문 낭독에 관해서도 말했습니다. 그리고 "우리는 수용하기 어려운 것을 수용할 줄 알아야 하고 올라가지 못할 곳에 올라가기도 해야 합니다."라고 말을 맺었습니다. 바늘 떨어지는 소리라도 들릴 정도로 강연장은 조용했습니다. 우리의 접촉은 이루어진 것입니다. 일본은 나를 이해했고 자신들의 잘못된 사실을 알게 되었습니다.

나는 학교 다닐 때에 고전에 대해서 잘 모른다는 사실이 고전 선생님께 알려질까 두려워한 적이 있었습니다. 그는 교사로서 나의 과학적 지식을 갖추는 데에 많은 도움을 주었으나 그의 사생활에 대해서는 말하지 않았습니다. 그러나 다른 사람을 통해서 그가 이혼했다는 사실, 자신의 딸이 둘째 부인을 받아들이지 않고 있다는 사실 등에 대해서 알게 되었습니다. 나 역시도 고아라는 사실을 그에게 말하지 않았습니다. 접촉이 이루어지기 위해서 우리는 서로 간에 새로운 인간관계를 가져야만 했습니다. 나는 그 후 몇 년이 지나면서도 그를 거의 보지 못하고 지냈습니다. 그 동안 나는 책을 한 권 집필했습니다. 처음으로 책을 쓴 나는 그 책을 사람들에게 보이고 싶었습니다. 전하고자 하는 메시지가 사람들에게 잘 받아들여질 지에 대해서 누군가에게 물어보아야 했습니다. 나는 옛날의 그 선생님을 찾아갔습니다. 많은 세월이 흘렀음에도 그분의 옛 모습은 조금도 변해 있지 않았습니다. 나는 내가 쓴 책을 직접 읽어 주었고 첫 장이 다 끝났을 때 그에게 물었습니다.

"계속할까요?"
"계속하지. 폴!"
나는 또 다른 장을 읽어 나가다가 읽기를 멈추고 잠시 침묵의 시간을 가졌습니다.
"계속하지. 폴."
또 다시 침묵이 흘렀고, 나는 그분이 혹시 받아들이지 않는 것은 아닌지 염려하는 마음이 생겼습니다. 그런데 그는 갑자기 이런 말을 하는 것이었습니다.
"폴, 우리 함께 기도할까?"
내가 알기로 그는 믿는 사람이 아니었습니다.
"선생님은 기독교인이 되셨습니까?"
"그럼."
"언제부터요"

"지금부터."

이것이 우리 인생에 있어서 큰 만남이 되었습니다. 그리고 우리는 같이 기도했습니다.

세상에는 이와 같이 사람을 움직여서 변화시키는 만남이 많이 일어납니다. 사람들은 만남을 통해서 삶의 진실을 말합니다. 그것은 이론(理論)에 관한 이야기가 아니라, 그들의 마음과 인격에서 나온 진실입니다.

4

인격적 치유
- 1982년 코(Caux, 스위스의 세계 MRA 본부)에서의 나눔 -

 나의 과거를 많이 생각나게 하는 이 곳에서 다시 말할 수 있는 기회를 갖게 되어 참으로 감개가 무량합니다. 두 번째 이곳에 와 보니 서로 낯이 익고 친한 얼굴들이 되어 있습니다. 마르크 안드레이 야코테(Dr. Marc Andre Jaccottet) 박사님의 초청에 대해 감사를 드립니다.

 나의 지난날들을 생각해 볼 때, 오늘 저녁 이 시간 프랭크 북맨 박사님께 고마움을 표하게 됩니다. 내 생애에 있어서의 영적인 삶의 추구에 그의 영향을 받았기 때문입니다. 인생의 변화, 결혼 생활의 변화 등도 그에게 힘입은 바가 큽니다. 내 인생 전체가 그와의 만남으로 다시 시작되었습니다. 나의 의사 생활도 새 발전의 길을 모색하게 하는 계기가 되었습니다. 이 시간 나는, 나의 책

《인격적 치유》를 그에게 바칩니다.

스테판 후트(Stephen Foot)는 영국 출판사를 소개하며 한 가지 조건을 붙였습니다. 그것은 프랭크 북맨에게 이 책을 드린다는 문구를 삭제하라는 것이었습니다. 나는 이에 반대했고 지금도 그 생각에는 변함이 없습니다. 하나님은 프랭크 북맨을 들어 쓰셨고 나를 변화시키셨습니다. 그와 함께 협력하는 모든 그의 친구들을 통하여 하나님은 내게서 결실을 거두신 것입니다. 정신질환자 치유의 전문의로서 하나님의 음성을 들을 수 있게 했습니다.

이는 교조적 종교인들의 모임에서 행해지는 것과는 다른 것이었습니다. 나는 제네바에서 거의 60년 동안 병원을 개업해 오고 있는데, 지난 1932년 봄에 북맨이 제네바에 온 적이 있습니다. UN의 전신인 국제연맹의 비무장회의에 참석하기 위해서였습니다. 내가 그와 조용히 대화의 시간을 가진 것은 이 때가 처음이었습니다. 그를 만난 지 50년이 되는 이날까지 나는 한 번도 이 묵상 노트를 호주머니에 넣지 않고 다닌 적이 없습니다. 내 아내가 세상을 떠난 후 8년 동안도 마찬가지였습니다. 나의 삶과 모든 활동이 이 노트에 기록된 대로 이루어졌습니다. 내가 쓴 책들이 이를 증명합니다.

사람들은 나에게 자신들의 마음을 엽니다. 그리고 인간이면 가지고 있는 그들 자신의 많은 문제들을 모두 털어놓습니다. 그 문제들이 얼마나 어려운 것들이고, 얼마나 무거운 짐이 되며, 또 얼마나 무서운 비밀들인가를 지금도 기억하고 있습니다. 우리 의사들은 이를 검사하고 연구하여 이에 적절한 진단을 내립니다. 그러나 이와는 또 다른 진단이 필요합니다. 내가 결국에 가서 알아낸 진실은 사람들의 이러한 문제들이 자신들의 건강에 직접적으로 영향을 끼친다는 사실입니다. 병(病)이라고 하는 것은 우리가 생각하는 것처럼 그렇게 우연히 오는 것이 아닙니다. 우리가 알기 이전에, 이미 수년에 걸쳐 병의 원인이 진행된 결과인 것입니다. 인간의 건강과 인간의 모든 문제들은 연관되어 있습니다. 인간이 어떻게 해결해야 하는지 고민하는, 바로 그 문제들이 자신의 병과 연관되어 있다는 것입니다.

지금 이 자리에 우리와 함께 계시는 의학박사 야코테 경(Dr. Jaccottet Sr.)은 나와 오랜 친구입니다. 우리들은 의과대학을 함께 다녔기 때문에, 살레베(Saleve)의 산길을 같이 걷곤 했습니다. 그 농장에는 닭을 키우고 있었으며, 그 친구는 버섯을 따서 달걀로 오믈렛을 만들어 먹자고 제안했습니다. 나는 버섯을 그 만큼 따려면 꽤 시간이 걸릴 것이라고 생각했습니다. 그러나 내 생각은 빗나갔습니다. 바구니를 가지고 밖으로 나간 그는 연신 허리를 굽히더니 놀랍게도 버섯을 가득 담은 바구니를 들고 들어왔습니다. 내 눈에는 풀밖에 보이는 것이 없었는데, 그에게는 버섯이 잘 보였던 것입니다. 그는 식품 검사관을 하는 자신의 아버지처럼 버섯을 잘 알아보았던 것입니다. 나는 깨달았습니다. 인간은 자신이 볼 수 있도록 준비된 것만 본다는 사실을…. 내 주위에도 버섯이 널려 있었지만 나는 그 버섯을 쉽게 볼 수가 없었습니다. 이것은 인간의 삶에 있어서도 마찬가지입니다. 인간에게는 문제가 가득하지만 모두가 이를 볼 수 있는 것은 아닙니다.

우리는 의과대학에서 여러 가지를 배웠습니다. 병리해부학, 인체학, 그리고 정신의학 등, 우리는 학교에서 모든 의학에 대한 학문을 연구합니다. 그러나 인간의 개별적 문제에 대해서는 그 누구도 가르쳐 주지 않았습니다. 이 세상에는 수많은 의사가 있지만 그들은 대부분 과학적이고 학문적인 분야에만 관심을 두고 있습니다. 물론 과학 분야가 중요하지 않다는 말은 아닙니다. 나는 여러분이 아시는 바와 같이 과학적인 방법을 부정하는 의사가 아닙니다. 오히려 그 반대입니다. 그러나 이는 달의 한 쪽 면만을 보는 것과 같습니다. 거기에는 또 다른 한 쪽이 있다는 사실을 간과해서는 안 됩니다.

많은 환자들이 자신의 내적인 문제에 대해서 호소하고 있습니다. 즉 내적인 갈등, 정서적 불안, 부부간의 불화 혹은 이혼문제 등, 이러한 복잡한 문제들에 대해서 의사들은 어떻게도 손을 쓸 수 없다는 것입니다. 어떻게 해야 하며, 어떤 도움을 주어야 할지를 모르는 것입니다. 그들이 이러한 문제들을 외면한다면 환자의 치유는 불가능합니다. 그러나 아무도 그들에게 이러한 문제에 대한 해결책을 가르쳐 주지 않았습니다. 무엇이 이들에게 도움이 될까요? 충고하거나 권면하는 것으로 해결될 일이 아닙니다. 이를 받아들이기는커녕 오히려 적대적 감정만을 일으키게 됩니다.

아무런 도움도 되지 않습니다. 진정으로 이들에게 도움이 되는 것은 바로 내게도 도움이 되는 것이어야 합니다. 그것은 '만남'입니다.

사람이 자신의 문제와 아픔, 그리고 두려움을 정직하게 말하는 것입니다. 이 때 인간은 서로 진정한 만남을 갖게 되며 문제는 해결됩니다. 그러므로 의사들은 환자들이 자신에 대하여 말할 수 있도록 도와주어야 합니다. 자신들의 문제, 자신들의 느낌, 자신들의 마음을 털어놓고 이야기 할 수 있도록 자연스러운 분위기를 조성해 주어야 합니다. 그러나 종합병원의 의사들은 입원해 있는 환자들에 대해서 알려고 하기는커녕 말 한 마디도 나누려 하지 않습니다. 얼마나 의사가 자기의 의무를 유기하고 있는지 모릅니다. 자기표현을 할 기회를 주지 않습니다.

개인적인 문제가 얼마나 중요한가를 의학 전문인들에게 인식시키는데 도움을 준 헝가리의 정신과 의사가 있었습니다. 2차 세계대전 당시 히틀러를 피해 영국으로 건너갔던 마이클 밸린트(Michael Balint)였습니다. 내가 그의 저서를 읽었을 때 '바로 이것이 내가 30년에 걸쳐서 찾았던 일'이라고 했습니다. 그는 의사들에게 이렇게 말했습니다.

"여러분은 환자들에게 계속 질문을 던지고 있습니다. 그러나 그것은 과학적인 정보를 제공해 주는 하나의 요식 행위에 불과한 것입니다. 환자로 하여금 자신의 이야기를 하게 해야 합니다. 필요하다면 한 시간 이상이라도 자유롭게 말하게 하십시오. 여러분에게 환자들에 대해 얘기를 해 줄 사람은 바로 그들 자신뿐이기 때문입니다."

그것이 바로 나의 출발점이었습니다. 환자들과 계속적인 이야기를 해야 합니다. 이야기를 시작하면 더 자유롭게 이야기하도록 해야 합니다. 문제를 알게 되었을 때, 만일 복도에 서 있는 환자들의 줄이 길다면, 그 환자로 하여금 밤에 집으로라도 찾아오게 해야 합니다. 단란한 가정의 난롯가에서 대화를 나누는 것은 사뭇 다른 데가 있습니다. 더욱이 그 때 환자와 의사로서가 아니라 인간 대 인간으로서 대화를 할 수 있을 것입니다.

정신분석학자들은 과학이라는 학문에 사로잡혀 있습니다. 그들이 내게 대하여 매우 친절하다는 것은 인정하지만 그들은 문제를 단순히 물질적인 것으로만 봅니다. 한 번은 그들이 나를 초청하여 "어떤 과정으로 정신병 환자를 대하고 있는가?"라고 물어본 적이 있습니다. 나는 어떤 과정도, 선택도, 방법도 없다고 말해주었습니다.

그들은 내가 정신분석학의 제1조인 '의사의 도덕적 중립성'을 지키지 않았다고 비판했습니다. 언젠가 나는 나 자신의 경험과 신앙에 대해서 이야기 한 적이 있었습니다. 이것이 동료들을 당황하게 만들었습니다. 이유는 역시, 내가 정신분석학의 제1조가 되는 법칙을 어겼다는 것 때문이었습니다. 그것은 정신분석의 시조인 프로이드(Freud)와 그 추종자들이 만들어 놓은 원리를 어겼다는 것입니다. 그들은 말하기를 우리(정신분석학자, 정신과 의사들)는 환자들이 원하는 것은 무엇이나 그릴 수 있는 스크린과 같이 되어야 한다는 것입니다.

정신의학자는 환자들의 이야기를 듣습니다. 그들의 생활 이야기를 듣고 자신들의 문제점에 대해 이야기하도록 합니다. 그러나 그가 피해야 할 중요한 것은, 과학자로서의 물질적 자세입니다. 과학자들은 모든 재료를 조사하고 이를 기록, 분석하려 하지만, 진정으로 환자들이 필요한 일에 대해서는 아무 것도 말해 주지 않습니다.

찰스 오디어(Charles Odier) 박사는 "의사는 이제 곧 과학의 고 자세에서 내려와 참 인간적인 입장에 서야 한다."라고 말했습니다. 정신과 의사가 얼마나 마음이 넓어야 하는가를 말해주는 충고입니다.

밸린트는 환자의 말을 묵묵히 들어주어야 한다고 했습니다. 의사는 해야 할 일도 많고 돌보아야 할 환자도 많기 때문에 특별한 경우에만 시간을 갖고 환자와 상담을 한다는 것입니다. 나는 그가 세상을 떠나기 바로 전에 쓴 책을 읽어보았습니다. 그의 미망인이 《환자에게 6분을》이라는 제목으로 책을 출판했습니다. 이것은 영국적인 사고방식으로, 환자에게 적어도 6분씩은 할애해야 한다고 규정한 것입니다. 그의 초점은 환자에게 어떻게 더 깊숙이 도달할 수 있는가 하는 것입니다. 그는 'flash' 즉 '번쩍임'이라는 말을 썼습니다. 갑자기 어떤 빛이 '번쩍' 하고 일어났다면, 그것은 환자와 의사 사이에 만남(encounter)이 이루어졌다는 것을 의미합니다. '만남의 빛'이란 이성(理性)적으로나 과학적으로 일어난 일이 아닙니다. 그것은 하나의 '인상(impression)'이며 하나의 '느낌(feeling)'입니다. 나는 이를 '교제(communion)'라 부르고 싶습니다. 때때로 우리는 진정으로 말이 필요 없는 어떤 순간에 도달하게 됩니다. 서로간의 느낌의 만남이라 할까, 느낌의 부딪침이라 할까, 이것이 만남의 번쩍임(flash)입니다. 밸린트 부부는 이것을 결코 잊을 수 없는 경험이라고 말했습니다. 만남의 빛이 일어나는 현상은 정신병의학 분야에서는 미처 생각하지 못한 부분입니다. 비과학적인 요소이기 때문입니다. 그러나 이런 만남의 빛은 사람들이 자신의 문제들을 해결하는 하나의 전기가 되는 요소입니다. 그들의 삶은 과거의 삶과는 사뭇 다르게 전개가 됩니다. 그것이 6분간의 만남을 통해서 일어나든지, 순간적으로 일어나든지, 이는 모든 정신의학의 원리를 철저히 배격하는 데서 나타나는 현상입니다. 그리고 순수한 '만남'이 되는 것입니다.

밸린트는 이러한 만남(meeting)이 두 사람 사이에서 이루어지든지, 세 사람 사이에서 이루어지든지, 그 가운데는 보이지 않는 하나님이 함께 임재하신다는 만남이라고 말했습니다. 만남의 빛 안에는 이미 신성한 요소가 들어 있습니다. 그 자체가 신성한 빛입니다. 기독교 신자들 사이에서뿐만 아니라 정신분석학 의사와 환자 사이에서도 이러한 하나님의 신성한 빛은 현존합니다. 이는 환자의 것도 아니요, 의사의 것도 아닙니다. 이는 경험입니다. 인간의 삶에서 이루어지는 참 경험입니다. 밸린트는 이를 정신병리학적 경험으로 정의하고 있지만, 나는 영(靈)적인 경험이라고 믿습니다. 이때 하나님께서는 말씀하시고, 인간은 비로소 자유를 얻게 됩니다. 조금 전에 폴 캄벨(Paul Campbell) 박사께서 사람들이 감정(emotion)을 두려워한다고 말씀하셨습니다. 이 '감정'이란 말은 정신분석학자들에게 있어서도 매우 규정하기 어려운 단어라고 생각합니다. 나도 이 말을 어떻게 설명해야 할지 잘 모릅니다. 나 역시 감정을 두려워하고 있습니다.

고아였던 나는 감정이 늘 저기압 상태에 있었고, 이러한 감정이 나를 지배했습니다. 내가 처음으로 울음을 터뜨린 것은 공무원이었던 얀더 보더즈(Jande Bordes)를 만나고서였습니다. 아버지와 어머니께서 돌아가신 직후였던 당시, 내게 비쳤던 그 빛(flash)이 정신의학자들이 말하는 소위 '억압된 감정'에서 나를 해방시킨 것입니다. 내가 정말로 꿈꾸었던 것은, 진정으로 사람을 사랑하는 인정 많은 의사가 되는 것이었습니다. 또한 나는 사랑 받고 싶었습니다. 사랑 받는 의사가 꿈이었던 것입니다. 그래서 나는 환자들을 대할 때 사랑의 사도라 할 만큼 참으로 친절하게 대했습니다. 그러나 나 자신에게 있어서는 별다른 변화가 없었습니다. 나와 그들을 자유하게 하지 못한 것입니다. 우리의 과제는 의사들로 하여금 자신들 스스로가 만들어 놓은 과학적 방법이란 족쇄에서 벗어나게 하는 일이었습니다. 그렇다고 해서 과학적 방법을 완전히 탈피하라는 뜻은 아니었습니다. 의학이 단지 과학적 방법에 의해서만 이루어지는 것이 아니라는 사실을 이해시키는 일이었습니다.

현대 과학의 창시자라 할 수 있는 데오도르 풀로우노이(Theodore Flournoy) 박사는 "과학이 발전하기 위해서는 초월적인 것이 모두 배제되어야 한다."고 했습니다. 과학적인 입장에서는 맞는 말입니다. 그러나 의학을 실천하는 데 있어서는 초월적인 요소가 무시될 수 없습니다. 만남의 빛(flash)은 인간 존재의 정신병리학에만 적용되는 말이 아니라 종교적인 실천에 있어서도 해당되는 말입니다. 나는 항상 "이 환자는 하나님께서 나에게 보내주셨다. 그는 문제가 있어서 나를 찾아왔다. 그리고 그를 치유하는 것은 내가 아니라 하나님이시다."라고 스스로에게 다짐하곤 합니다. 그를 환영하는 것입니다. 그리고 인간 대 인간으로 만날 준비를 하지 않으면 안 됩니다. 그것은 바로 의사가 과학적인 자리에서 내려와 한 인간이 되는 의사 자신의 변신입니다. 나는 그렇게 하기 위해서 그를 집으로 초대하여 대화했습니다. 또한 밸린트가 말했듯이 충분한 시간을 갖고 상담을 하였습니다. 그러면 만남의 빛이 일어나게 됩니다. 모든 이야기들이 자유롭게 시작되고 자신들이 해야 할 사명이 무엇인지를 깨닫게 하는 것입니다.

만남의 빛은 상호 관계에서 나옵니다. 과학자들은 학자적인 비

상호주의적 관점에서 출발합니다. 즉 한 쪽(의사)에서는 모든 것을 알고, 다른 쪽(환자)에서는 전혀 모른다는 생각에서 출발합니다. 그러나 환자들은 의사의 말에 동의하지 않습니다. "당신은 모든 것을 아는 것처럼 이런저런 말을 하는데 그것은 전혀 사실과 다릅니다."라고 말합니다. 그러면 의사는 화가 치밀어 오릅니다. 이처럼 자신이 알고 있는 것이 불균형함에도 불구하고 의사는 명령을 하며 환자는 이 명령에 따라야 한다고 생각합니다. 그 길에는 만남의 빛이 발생할 수 없습니다. 만남의 빛은, 의사들이 환자들보다 더 많이 안다고 주장하는 데서, 자유로워지는 데 있는 것입니다. 병리학과 연관해서 생각할 때 물론 우리는 환자들보다 아는 것이 더 많아야 합니다. 그러나 질병에 관한 한 환자 자신들이 우리 의사들보다 더 많이 알고 있습니다.

우리는 지금 질병의 의미에 관하여 말하고 있습니다. 의학적인 진단은 물질적이고 과학적인 산물입니다. 그러나 우리가 의미의 영역에 접해보면 그것은 환자가 찾아내야 하는 분야인 것입니다. 자신의 질병에 대한 의미를 파악하면 할수록 환자들은 자기 자신에 관해서 더 잘 표현할 수 있게 됩니다. 이는 환자의 병을 치료하는데 있어서 참으로 중요한 요소입니다. 환자에게 질병의 의미를 말해 줄 수 있는 사람은 의사가 아닙니다. 다만 내가 말할 수 있는 것은 의사 역시도 지금 하고 있는 일의 의미가 무엇인지를 모른다는 사실입니다.

질병의 의미를 찾는데 많은 시간을 요하는 경우도 있습니다. 그 의미가 후에 가서야 분명히 밝혀지기 때문에 환자는 처음부터 확고한 신념으로 출발해야 합니다. 인간의 질병에는 분명한 어떤 의미가 들어 있음을 이해해야 합니다. 그러나 물질적인 관계의 의미와는 전혀 다른 관계의 의미입니다. 의사는 환자들이 알지 못하는 것을 알고 있다는 생각으로 치료를 시작합니다. 동시에 환자도 아는 것이 있다는 사실을 의사는 받아들여야만 합니다. 이틀 밤을 꼬박 새우며 고통당하는 환자는 자신의 질병이 어디에서 연유되었음을 알게 됩니다. 그런 환자는 이 질병에 대해 "내가 하나님께 무엇을 해드려야 하는가!" 하고 생각합니다.

환자들이 내게 찾아와 자신의 지은 죄에 대해서 말합니다. 그들은 담당의사들이 자신의 이야기를 들어 줄 시간을 주지 않는다고 말합니다. 사실 문제는 시간이 아니고 의사가 변해야 한다는 사실입니다. 밸린트 교수의 말에 의하면 의사가 변하기 위해서는 그들의 마음이 열려야 한다는 것입니다. 그렇습니다. 그것이 사람들의 개인적인 문제를 알게 합니다. 이 때 환자의 문제를 풀 수 있는 극적인 계기가 마련될 것이며, 비로소 환자와의 신뢰 관계가 성립되는 길이 됩니다. 많은 의사들이 이와 같은 상호간의 신뢰관계를 환자들과 가지려고 노력하고 있습니다. 개인적인 문제에 관해서 이야기하고자 합니다. 그러나 평생을 노력하더라도 그들과의 인격적인 관계에까지는 이르지 못할 것입니다. 의사가 자신의 마음을 열기 전까지 그런 인간관계는 이루어질 수 없습니다. 오늘 저녁 우리가 이것을 얻으려면, 우선 우리 자신의 삶의 이야기부터 시작해야 합니다. 자신의 이야기를 솔직히 말하는 데서 시작됩니다.

사람들 중에는 나를 만나서 이야기하려고 일부러 비행기를 타고 달려오는 이들도 있습니다. 단순히 그들의 경험을 말하며 나누고 싶어서입니다. 신뢰를 갖고 단순한 자신의 삶을 나눈다는 것은 문제 해결의 가장 큰 무기입니다. 그렇게도 간절하고 순진한 그들의 태도는 정말로 믿기 어려울 경지입니다. 인간에게는 자신들의 회의와 위기 등에 대해 모든 것을 이야기할 수 있는 상대가 필요합니다. 나를 만나면서 사람들은, 바로 이것이야말로 자신들이 20년간 찾아 헤매던 경험이라고 말합니다. 그러므로 이제 우리가 해야 할 일은 저들과의 인격적인 관계 형성을 위해 우리의 과학적인 자세를 버려야 하는 것입니다.

최근에 나는 독일의 한 친구를 방문한 적이 있습니다. 레힐러(Dr. Lechler) 박사는 미국에서 여러 해 동안 알코올 중독자 구제회에서 일하고 있었습니다. 그는 "단지 술만 먹어서 알코올 중독자가 된 사람은 없다."고 말했습니다. 그는 이 알코올 중독자 구제회에서 사람들의 생각을 변화시키려 노력했습니다. 그들 중에는 건강이 나쁜 것이, 자신 때문이라고 생각하여 스스로 고질병자가 된 사람들도 있습니다. 그런데 20년 동안이나 수면제 없이는 잠을 들지 못했던 환자들도 여기 와서는 전혀 약이 필요 없게 되었다고 합니다. 병원에 온지 며칠도 지나지 않아서 그들 스스로가 잠을 잘 수 있게 되었기 때문입니다. 무슨 비법이라도 있는 것일까? 그것은 사람들이 이 곳에 와서 '사랑'에 대해 경험할 수 있었기 때문입니다.

나는 이 방법에 대단히 큰 인상을 받았습니다. 환자들은 자신의 느낌을 표현할 수 있는 기회를 갖게 되고 자신들에 대해 이야기를 하게 됩니다. 거기에는 정신과 의사들로 일련의 팀이 구성되어 있는데, 그들은 아주 긴밀하게 서로 협력하며 일합니다. 그들은 아침마다 자신들의 생각을 나누는 시간을 갖는데, 그 자리에서 말하는 사람은 누구나 자신이 환자인지, 의사인지를 밝히지 않고 말합니다. 우애의 분위기에서 환자들은 자신의 생각과 문제들을 드러냅니다. 자신의 말을 할 수 있었습니다. 나는 이 회의에 참석하면서 이처럼 자유롭게 마음을 열고 공공연히 말하는 것을 난생 처음 보았습니다. 나는 홀로 조용한 시간을 가지면서 당시에 적어 놓았던 말씀을 읽어 내려갔습니다. 그 때 깨달았습니다. 한 인간의 처해 있는 현실이 그에게 얼마나 막대한 영향을 주는가 하는 것입니다.

사람들은 대개 자신이 다른 사람들에게 받아들여지지 않을 것이라는 두려움으로 인해 자신의 마음속에 남극과 북극의 깊은 얼음덩이와도 같은 차가운 빙벽을 형성해 놓고 있습니다. 그러므로 인간에게 진정으로 필요한 것은 따뜻한 인간의 숨결입니다. 봄이면 불어오는 따뜻한 사랑의 미풍인 것입니다. 레힐러 박사는 정신과 의사로 일하는 8명의 멤버들과 함께 겨울 내내 성경공부 모임을 갖습니다. 자기 팀을 그렇게 훈련시킵니다. 지금도 그는 일주일에 한 번씩 성경공부 모임을 갖습니다. 이것이 의무적으로 강요되는 것은 아니지만 모든 멤버들이 참여합니다. 그리고 바로 그러한 과정이 이 병원의 치유과정에서 생명선이 되는 치유의 빛입니다.

리옹의 한 외과의사에 관한 이야기를 함께 나누고자 합니다. 나와는 막역한 친구 사이이고, 이름은 얀 드 루즈몽(Jean de Rougemont)입니다. 그의 아들이 종기로 고생하다가 병원에서 1년 만에 죽었습니다. 자기 아들이 죽어 가는 모습을 1년 열두 달 동안 지켜보고 있기란 참으로 쉬운 일이 아니었습니다. 더구나 자신이 외과의사임에도 속수무책일 수밖에 없었던 괴로움의 깊이는 이루 말로 다할 수 없었습니다.

어느 화창한 날, 죽은 아들이 쓰던 방에 앉아 있던 그에게, 한 아주머니가 찾아왔습니다. 그녀는 죽은 딸로 인한 슬픔 때문에 아무런 위로의 말도 들으려 하지 않았습니다. 삶에 대한 의욕도 상실해버린 상태로 몸도 제대로 가누지 못하고 그에게 찾아왔습니다. 친절한 말과 위로의 말로 그녀를 달래려 했으나 도저히 감당할 수가 없었습니다. 그러나 그는 자신의 아들에 관해서는 한마디도 꺼내지 않았습니다. 그러한 개인적인 이야기가 그녀에게 무슨 소용이 되겠느냐는 생각에서였습니다. 의사는 자신의 아들도 바로 이 방에서 종기를 앓다가 죽었다는 사실을 그녀에게 말하고야 말았습니다. 바로 다음날 아침에 그 부인은 잠자리에서 일어나 화장을 하고 가장 좋은 옷을 찾아 입고 모자를 쓰고는 거리로 나갔습니다. 그 여자는 다시 살아난 것입니다. 친구에 의하면 그 부인은 딸이 죽었을 때에 마치 시계가 멈춘 것 같았었다고 합니다.

그런 극적인 사건들은 의사들의 생애에 있어서 종종 있는 일입니다. 다른 사람들은 상상하기도 어려울 정도입니다. 자기 자신의 일은 멀찌감치 제쳐두고 다른 사람의 문제로 치열하게 싸워 상실 당한 삶을 사는 의사들이 많이 있는 것이 사실입니다. 거기에는 문제해결의 유일한 길이 있습니다. 우리 각자가 서로 도우려 하는 가운데 문제점이 드러나게 되고, 이로 인해서 모두가 진지하게 삶의 현실에 도달하게 되는 것입니다. 우리 자신들의 어려움, 곤혹스러움, 그리고 의구심들을 해결할 수 있는 길이 발견될 수 있습니다.

환자를 맞이한다는 것은 정말 두려운 일입니다. 내게는 환자를 고칠 수 있는 특별한 기술이 없기 때문입니다. 만일 그러한 노하우(know-how)만 가졌더라면 얼마나 좋을까요. 내가 할 수 있는 것이란 고작 시작을 알리는 버튼을 누르는 것뿐입니다. 이것은 지금까지 내가 말했던 것들입니다. 문제가 일어나는 것은 우리 자신들 속에서 시작됩니다. 이는 하나님과 우리 자신들과의 사이에서 일어나는 일들을 말합니다. 어려운 일이기는 하지만 조용한 시간을 가지고(in our quiet time) 하나님의 음성을 듣게 되면 다른 사람들과 우리의 관계를 단절시키는 문제들이 무엇인지를 깨닫게 될 것입니다. 인간을 치유하는 전인격적인 약은 병원에서 나오는 약이 아니라 바로 의사의 인격에서 나오는 약입니다.

질문시간

▶ 박사님은 지금까지 이야기했듯이, 자기 병에서 놓임을 받은 환자들이 다른 사람들을 도울 수 있다고 하셨는데, 그 예를 구체적으로 말씀해 주시겠습니까?

나는 이에 대해서 광범위하게 적용시켜 왔습니다. 병에서 고침을 받아 자유롭게 된 사람이 곧 환자를 고칠 수 있는 사람입니다. 나는 가끔 이와 같이 환자였던 사람들에게 임무를 부여해 주곤 합니다. 마에다(Maeder)는 고침을 받은 사람들이 의사가 된다는 사실에 대해 말했습니다. 그리고 실제로 스스로 의사가 된 환자들이 여기 있습니다. 그래서 나는 이들을 통하여 그룹으로 치료하는 집단 치료법을 발견했습니다. 이는 실제로 아주 유용한 방법입니다.

▶ 남자는 여자보다 자신의 내적인 감정을 겉으로 드러내기가 더

어렵다고 합니다. 이에 대해 아내는 자기 남편으로 하여금, 자신이 남편을 지배하려 하지 않는다는 것을 알게 하면서 남편의 짐을 덜어 주어야 합니다.

우리 모두가 알고 있듯이 한 남자가 직장에서 돌아올 때, 그의 얼굴에는 근심이 가득 차 있습니다. 아내는 팔을 남편의 목에 감으면서 말합니다.
"여보, 무슨 일 있어요?"
"아무 일도 아니야."
잠시 후에 아내는 다시 남편에게 묻습니다.
"그렇지만 여보, 아무래도 당신에게 무슨 일이 있는 것 같아요. 우리는 어려운 일도 궂은일도 함께 하자고 결혼한 것 아닌가요? 제가 당신을 도울 일이 없을까요? 사랑해요…. 제발 무슨 일인지 말 좀 하세요."
"아니, 아무 것도 잘못된 게 없어."
식탁에 둘러앉아서도 엄마는 아이들에게 떠들지 말고 조용히 하라고 주의를 시킵니다.
"아빠는 매우 피곤하시단다. 너희들이 이렇게 맛있는 것을 먹을 수 있도록 하기 위해서 열심히 일해야 하기 때문이란다."
아이들을 잠자리로 보내고 다시 두 사람만 남게 됩니다. 두 사람은 얼굴을 맞대고 앉아있습니다.
"무슨 일이 잘못되었는지 이제는 말하세요."
"내가 당신한테 말했잖소. 당신의 질문이 자꾸 나의 신경을 돋우고 있어요. 당신은 당신 멋대로 상상하고 있는 거요."

남자는 늘 이렇게 말합니다.

"당신은 모든 것을 자꾸 상상해서 일을 크게 만들고 있어."

그래서 아내가 남편에게 질문을 하면 할수록 남편은 점점 더 귀찮아져 대답을 회피하게 됩니다.

네, 물론 그렇게 질문하는 것이 중요한 일임에는 틀림없습니다. 수많은 부인들이 병원에 찾아와서 이렇게 말합니다.

"저는 남편과 진정한 대화를 나눌 수가 없습니다."

나는 그들의 남편을 만나서 부인이 남편과 전혀 참된 대화를 해보지 못했다고 한 것을 말해줍니다. 그러면 이렇게 말합니다.

"무슨 말을 그렇게 하십니까? 아내가 몰라서 하는 소리입니다. 우리는 모든 것을 말합니다."

그건 사실입니다. 그들은 모든 것을 말하고 있습니다. 그러나 그것은 자신의 문제에 대한 이야기가 아닙니다. 이제는 조금 나누어서 생각해 볼 때라고 여겨집니다. 어떤 사람은 아프가니스탄에 대해 말하고, 감자의 값에 대해서, 황금만능주의에 대해서, 아이들의 장래와 성적 등에 대해서 대화를 나눕니다. 그러나 이런 것들은 모두 개인적인 대화가 아닙니다. 수많은 부부들이 그와 같습니다. 아내는 남편과 자신의 두려움, 자신의 희망 또는 자신의 어려움 등에 대해서 말해 줄 진정한 대화 상대를 원하지만 그럴수록 남편은 아무런 말이 없습니다.

그것이 바로 나 자신이었습니다. 나는 아내에게 늘 강의를 했고, 모든 과학적 사실들에 대해서 설명을 했으며, 정신의학에 대해서 가르쳐 주었습니다. 그러나 진정으로 아내의 이야기를 들으려고 하지 않았습니다. 결혼한 많은 부부들의 결혼생활을 보면 주로 아내가 먼저 말하는 편입니다. 한 부인은 내게 와서 이렇게 말했습니다.

"내가 저녁 내내 말을 하고 있었는데 남편은 한 마디도 대꾸하지 않았습니다. 그는 신문에서 눈을 떼지도 않고 건성으로 고개만 끄덕였습니다. 남편이 내 말을 듣지 않는 것 같아서 잠깐 멈추었더니 그는 계속 머리를 끄덕이며 그러냐는 말만 되풀이하는 것이었습니다. 그래서 나는 계속해서 지껄여 댔습니다."

나는 아내와 함께 조용히 묵상의 시간을 가지면서 아내의 말에 진정으로 귀를 기울이기 시작했습니다. 나는 항상 과학이 지배하는 영역의 세계에서 살아 왔습니다. 아내가 나보다 과학적으로는 단연 못 미치기 때문에 나는 나 자신을, 그녀를 교육해야 하는 교육자의 위치에 갖다 놓았던 것입니다. 하지만 사실 그녀도 훌륭한 과학도입니다. 그리고 그녀에게 있어서도, 내가 알지 못하는 그 어떤 것을 가지고 나를 가르칠 수 있다는 사실에 대해서는 전혀 생각해 보지 않았습니다. 그러나 함께 조용한 시간을 가지면서 그녀가 이야기하는 것이 얼마나 중요한 것인가를 비로소 알게 되었습니다. 그녀에게 자신에 대해서 표현할 수 있는 기회를 주게 된 것이었습니다. 이것이 바로 해답이 되었습니다. 사람들은 하나님에 의해서 인도함을 받아야 한다는 사실을 이해해야 합니다.

나는 많은 부부들이 함께 조용한 묵상의 시간을 갖는 것을 보았습니다. 그러나 그들의, 시도는 오래 지속되지를 못했습니다. 또 어떤 이들은 계속적으로 묵상의 시간을 갖기는 하되 둘이 함께 하지는 않았습니다. 나는 그 이유가 무엇인가를 찾아내려고 애썼습니다. 그것은 아내의 문제였습니다. 대부분의 아내들이 그 조용한 나눔의 시간에 남편에게 충고하려 드는 것이었습니다. 제가 말하고 있는 의미를 아시리라 믿습니다. 남편은 회사에서 큰 책임을 지고 많은 복잡한 문제에 부딪치게 됩니다. 그런 그는 자신의 문제 중 한 가지를 용기 내어 아내에게 말합니다. 그것은 자신이 직원들과의 사이에서 생긴 일입니다. 그 때 부인은 "내가 당신이라면 곧장 그를 해고시켜 버리고 말겠어요."라는 것입니다. 남편은 더 이상 자신의 문제를 아내에게 말하지 않게 됩니다.

나는 의사로서의 경험을 통해서 부인들이 남편의 비밀을 털어놓도록 하는데 너무 서두르지 말아야 할 것을 당부합니다. 또한 남자들이 밖에서 당하게 되는 많은 어려움들에 대해 양심적으로 대해 주어야 할 것을 말합니다. 끝으로 그것들을 하나님께 가지고 나가 그분의 인도하심에 맡겨야 한다고 말해줍니다.

나는 인간적인 사람이라는 평을 듣습니다. 그것은 나의 아내

덕분입니다. 아내는 사람을 존중하는 인간이 되어야 한다고 가르쳐 주었습니다. 그것은 부부 사이에도 마찬가지입니다. 존중한다는 것은 진정한 동등권을 인정하는 것입니다. 아내는 많은 일들을 대화에 가지고 옵니다. 그것은 남편이 밖에서 하는 일보다 결코 덜 중요한 것이라 할 수 없습니다. 남편의 일이 아무리 중요해도 집에서 아내가 단추를 달고 맛있는 식사를 준비하는 것보다 더 중요하지는 않습니다. 대부분의 남자들은 자기 아내의 일에 대해서 마치 영화에 나오는 배경음악 정도로 밖에 생각하지 않는 경향이 있습니다.

우리는 종종 여자는 말이 많은 존재라고 농담을 합니다. 그러나 그것은 남자에게 책임이 있습니다. 남자가 그들의 말에 귀를 기울이지 않기 때문에 혹시 관심을 가져주지 않을까 하는 의도에서 비롯된 것입니다. 부인은 이렇게 말합니다. "우리 남편이 이런 식의 말을 했다." "우리 아들이 어떻게 말했다.", 혹은 "우리 아버지께서 이렇게 말씀하셨다."…. 그들이 이와 같이 말하는 것은 그만큼 남자들의 말에 대해서 심각하게 생각하고 있기 때문입니다. 그러한 대화가 별로 관심거리가 되지는 않을지도 모릅니다. 사실이 아닌 경우도 있을 것입니다. 여자의 말이 이 사회에서 별로 중요하게 취급되지 않는 것도 사실입니다. 특히 심각한 사안의 토론에 관해서는 더욱 그렇습니다. 대체로 인간의 본성은 사회라는 제도로 말미암아 크게 제약이 되기 때문입니다. 그들의 말을 진정 남자들이 받아들인다면 이 세상은 훨씬 더 살맛나는 세상이 될 것입니다.

▶ 오늘날에는 사람들이 더욱 바빠져서 시간을 쪼개고 또 쪼개서 생활하고 있습니다. 당신은 모든 환자들에게 6분을 할애한다고 했습니다. 그렇지만 나의 의사는 20분을 할애해주며 그것도 부족하다고 합니다.

나는 스스로의 계획을 갖고 있습니다. 그것은 환자들과의 시간을 더 늘리는 일입니다. 그렇게 하는 것이 가능한 이유는, 다른 의사들은 환자들이 자신들에게 많이 오는 것을 좋아하기 때문입니다. 나는 이에 대해 그들을 샘내지 않습니다. 환자들이 젊은 의사들에게 몰린다고 불평하는 이들도 있으나, 그들은 오히려 자기의 환자들에게 더 많은 시간을 할애할 수 있다는 데 대해 감사해야 할 것입니다.

의사에게 있어서 진정으로 문제가 되는 장애의 요소는 외적인 것이 아니라 마음의 문제입니다. 환경적인 요소도 물론 중요합니다. 그러나 한 환자에 대해서 6분을 할애해야 된다는 것은 일종의 구실밖에 되지 않습니다. 전체적으로 볼 때 얼마나 책임감 있게 환자를 대하느냐 하는 것입니다. 어떤 의사가 100회에 걸쳐서 한 환자를 진료했다고 합시다. 그러나 그가 환자의 일상적인 표면의 문제만을 다루고 깊이 있는 내적 사실에 대해서는 다루지 않았다고 하면 그것은 아무 소용이 없는 진료입니다. 시간 낭비일 뿐입니다. 단 한 시간의 대화라 할지라도 진정으로 깊이 있는 내용의 대화를 나누었다면, 환자 문제의 깊이에까지 도달할 수 있는데 말입니다.

부인과 환자가 20년 동안 매주에 걸쳐서 의사를 찾아왔다고 합시다. 그 환자는 결혼 문제에 대한 어려움을 갖고 있습니다. 사실 그것은 두세 시간 동안의 진정한 대화만 있으면 해결될 수 있는 문제입니다. 환자들은 은유적으로 말하기도 합니다. "선생님, 제 병이 심각합니까?"라는 질문은 자신의 병이 죽을병이냐고 묻는 것입니다. 다시 말해서 그는 죽음에 대해 말하는 것입니다. 그런데 의사는 그에 대해 "또 다른 X-ray촬영을 해야 합니다."라고 답변합니다. 이는 다른 의사들을 흉보기 위해서 하는 말이 아닙니다. 진찰할 때 할 수 있는 한 많은 조사를 거쳐야 할 필요는 있습니다. 그러나 우리가 알아야 할 것은 환자와 진정한 대화에 들어가는 것이 그 환자에게 각종 검사를 실시하는 것보다 훨씬 더 중요하다는 사실입니다.

▶ 인간의 모든 고질적인 병들은 다 정신적인 문제로 인해 발생된 것이라고 생각하십니까?

그렇지 않습니다. 내가 말할 수 있는 것은 내 생애를 통해서 아주 큰 변화를 가졌었다는 것입니다. 초기에 나는 정신의학적 차원에서의 심신조화체계에 관심을 두기 시작했습니다. 예를 들자면 위궤양의 신경성 영향 등에 관한 것입니다.

나는 지금까지도 잊을 수 없는 사실을 하나 회상해 볼까 합니다. 미국의 한 의사로부터 류마티스가 정신병리학적 원인에 의한 것이라고 제기되어 온 사실입니다. 얼마의 시간이 흐른 후에 (지금으로부터 약 10년 전) 또 다른 미국 의사는 암(cancer)이 정신적 원인에 의하여 발생한다는 사실을 제기했습니다. 의사들은 정신적 문제로 인하여 병이 발생하는 사례가 1~2%에 불과하다고 말합니다. 그러나 나는 모든 병의 95~98%가 정신적 원인에 의해 발생한다고 믿고 있습니다. 그것도 아주 확실한 원인을 가진 병들을 조사한 결과에 의한 것입니다. 의사들은 확대 망원경으로 우리의 내부를 샅샅이 검사합니다. 그런데 왜 그들은 확실하게 문제를 해결하지 못합니까? 인간 양심의 문제가 이를 방해하고 있기 때문입니다. 즉 마음의 문제입니다.

그럼에도 불구하고 우리가 주의해야 할 점은 이를 연역해서 모든 병이 정신의학적 원인에 의해서 발생한다는, 일률적인 규정을 만들어서도 안 됩니다. 어떤 면에 있어서는 그것이 사실입니다. 한 사람이 갑자기 실패하여 쓰러졌을 때, 우리가 그에 대한 판결을 조급하게 내릴 수는 없습니다. 어떤 것은 물질적인 요소에 의해서, 또 어떤 것은 심리적인 요소에 의해서 그렇게 되었다고 편파적으로 원인을 규정할 수는 없는 것과 같습니다. 적어도 우리는 모든 것을 분류하여 규격화시키려는 과학적 방법을 피해야 한다고 강조합니다. 그리고 과학적 진찰에 너무 의존하지 말고 다만 어떻게 하면 상황에 도움이 될 것인가를 정직하게 추구해야 합니다. 융(Jung)이 말했듯이 정신의학에 있어서 환자를 진찰한다는 것은 그리 중요한 일이 아닙니다.

▶ '의사-환자'의 관계를 '남편-아내'의 관계로 비유해서 설명한 것에 대해서 말씀해 주십시오.

물론 그렇습니다. 우리가 '극적인 전환점'을 경험했을 때를 회상해 볼 수 있습니다. 환자들은 이렇게 말합니다. "내 모든 것을 말해버릴 수 있었던 것이 나를 살리는 계기가 되었습니다." 나는 그 환자에게 "바로 그것이 우리의 인생이 어떠해야 하는 것을 말해주고 있습니다."라고 했습니다. 예를 들면 결혼 생활이 성공적이 되기 위해서 그렇게 해야 됩니다. 인생의 획기적인 전환점에서, 우리는 인생이 어떠해야 되는가를 경험하게 됩니다. 우리의 인생은 전 생애를 통해서 한두 번 정도의 큰 변화의 순간을 맞습니다. 그러나 모든 사람의 예가 결코 똑같지는 않습니다. 인생은 자꾸 변해가기 때문입니다.

▶ 오늘날 젊은 세대들은 정신의학적인 질병에 대하여 극히 회의적인 반응을 나타내고 있습니다.

인간은 누구나 자랑하고 싶은 것을 자랑할 수 있습니다. 이 사회의 가장 높은 계열로 올라 갈 수 없는 학생들은 할 수 없이 밑바

닥 저편에서 안주할 수밖에 없습니다. 누구나 이에 대해 이의를 달지 못합니다. 인간이라면 모두 다 자신을 자랑하고 싶어 합니다. 아무리 무력한 자라도 스스로를 가장 위대한 자리에 놓고 싶어 합니다. 한 인간의 위대성을 인정해 주지 않으려는 그릇된 현대 사회의 통념이, 이렇게 오늘날의 젊은이들을 병들게 했다고 봅니다. 그들은 이 사회의 희생자들입니다. 형식주의와 이기주의로 팽배한 이 사회의 현실이, 오늘날 자신의 질병을 오히려 자랑거리인양 위장하려는 병든 현실을 만들어 놓은 것입니다. 신경질적인 인간들로 가득한 현실이 오늘날의 우리 사회가 어떠하다는 것을 진단해 주는 청진기입니다.

이제 분명한 것은, 이 사회를 바로잡기 위해서 그 안에 사는 인간들을 한 사람씩 고쳐 나가는 일이 가장 중요하다는 것입니다. 우리가 앞으로 좀 더 발전적인 문명사회에 살고자 한다면, 우리는 학문적인 치료의 원칙으로서가 아닌, 아주 단순한 치료의 방법을 찾아서 사용해야 합니다. 그것은 우리가 개별적인 한 인간과의 사이에서 어떻게 진정한 대화를 가질 수 있는가 하는 데 있습니다. 최근에 많은 젊은이들과 접촉하면서 느낀 것은, 각종 부류에 속한 젊은이들이 거의 대부분 자신의 삶을 의미 있게 살아보고자 하는 강한 욕구를 가지고 있다는 사실들입니다.

▶ 마지막으로, 이 세상에서 현대 의학으로도 고칠 수 없는 병에 걸려 신음하고 있는 환자들에게 도움 될 만한 말이 있다면 말씀해

주십시오.

이 분야에서 과거의 생각을 완전히 뒤집어 놓은 한 여성이 있었습니다. 엘리자베스 퀴블러-로스(Elijabeth Kubler-Ross)는 미국 사람들이 유럽 사람들보다 죽음에 대해서 훨씬 더 두려워한다고 말했습니다. 사실 미국의 의사들은 죽는 것을 보는 게 두려워서 죽어 가는 환자를 혼자서 죽도록 내버려둔다는 것입니다. 나는 얼마 전에 퀴블러-로스 여사를 만났습니다. 바젤(Basle)이 고향인 이 여자에 대해서는 그녀의 강의를 통해서 알고 있었습니다. 그녀는 먼저, 죽음에 대한 자신의 두려운 감정을 극복하려고 애썼습니다.

어느 날 신학생들이 그녀를 찾아와서 죽음을 향해 달려가고 있는 사람들의 마음 상태가 어떤지에 대해 질문한 일이 있었습니다. 그러나 그녀는 아무 것도 알고 있지 않았기 때문에 대답할 수가 없었습니다. 그것은 아무도 죽어 가는 사람과 이야기를 해본 경험이 없기 때문입니다. 그래서 그녀는 자신이 근무하는 병원 당국에 죽어 가는 사람을 보내 달라고 요청하였습니다. 병원에서는 그녀에게 물었습니다.

"죽어 가는 사람과 무얼 하려는 것입니까?"
"그와 이야기를 나누려고 합니다."
"무엇에 대해서 이야기를 하려고 합니까?"
"그의 죽음에 대해서요."
"당신은 정말 어이없는 사람이군요!"

그러나 이것은 그 여자가 죽음에 대항하여 혁명을 일으키는 계기를 만들어 주었습니다. 이제는 미국뿐만 아니라, 나의 병원이 있는 스위스에서도 '죽음'에 대하여 후원하는 연구 단체가 생겨났습니다.

죽어 가는 환자들에게 더 이상 아무 일도 해줄 수가 없다고 판단될 때, 그 환자들에 대한 회진을 일부러 회피해 왔다고 말하는 의사들이 의외로 많이 있었습니다. 특히 외과 의사들의 경우에 있어서는 의사들 대부분이 환자들에 대한 죄의식까지 느낀다고 합니다. 자신들이 무언가를 잘못했기 때문에 그들의 생명을 구하기 위해서 더 이상 아무 것도 해줄 수 있는 일이 없다고 하는 것입니다. 우리는 이들의 입장을 이해할 필요가 있습니다. 이들을 판단하거나 비판해서는 안 됩니다. 무의식적인 우리의 생각이 때로는 우리 인생에서의 큰 문제들을 해결하는 열쇠가 된다는 사실을 알아야 합니다.

5

3차원의 의학
- WCC(World Council of Churches, 세계교회협의회)에서의 연설, 1978. -

나는 스스로 그리스도인이라고 자처하며, 내가 하는 모든 일이 신앙에 의해서 이루어져야 한다고 생각해 왔습니다. 그런데 실제로 그렇게 할 수 있는 방법을 강구해낸 것은 나의 삶을 절반이나 보낸 후였습니다. 지금으로부터 거의 40년 전에 나는 이 방법에 대한 책을 쓰기 시작했습니다. 그것은 신앙과 의학을 통합시키는 일이었습니다. 우리는 종교인들이 모인 자리에서 이에 대해 토론하였고, 이를 의과대학에서 배운 이론에 접목시켜 나갔습니다.

일 년 전에 나는 일본에서 강의 요청을 받고 교토에 있는 오하시 교수를 만났습니다. 다음날 아침에는 불교 사원들을 방문하였고, 그곳에서 구마 교수를 만나 다음과 같은 말을 들었습니다.

"나의 아버지는 이전에 의사였습니다. 이름이 알려진 분이어서 나는 아버지의 명성을 지키기 위해 많은 노력을 기울였습니다. 10년 전에는 큰 병원도 세우고 비로소 성공하였다고 생각했습니다."

그러나 그에게 회의가 생기기 시작하였고, 자신의 인생은 이제 끝났다는 좌절감으로 그저 일상적인 생활 가운데 하루하루를 보내고 있었습니다. 어느 날 그는 오하시 교수를 찾아가 의논을 하였고, 취리히(Zurich)에 있는 융 연구소(Jung Institute)를 방문해 보는 것이 어떠냐는 제의를 받았습니다. 그것이 의사로서의 안목을 넓힐 수 있는 기회라고 하였습니다. 구마 교수는 계속해서 말했습니다.

"나는 오하시 교수의 제의를 받아들였고, 내 인생은 새로운 세계를 향해서 도전하였습니다. 나는 새로운 의학 세계를 발견하게 되었고, 그 결과 '정신의학적 치유론'을 개발하게 되었습니다. 이는 나의 환자들이 거의 대부분 정신적 질환의 요소를 가지고 있었기 때문이었습니다. 전통적인 의학 요소와 정신의학적 요소가 서로 상호 작용하고 있음을 깨달았습니다. 2년 전에는 그가 내게 폴 투르니에 교수의 책을 읽어보라고 제의하였습니다."

"나는 당신이 쓴 책을 다 읽었습니다. 적어도 일본어로 번역된 것은 다 읽었다고 생각합니다. 결과적으로 나는 정신의학에 있어서 제3단계의 차원이 있음을 발견하게 되었습니다. 나는 불교의 승려는 아니지만 질병으로 고생하는 이들이 거의 대부분 심리적인 문제점은 물론이고 영적인 문제점까지 가지고 있음을 깨닫게 되었습니다. 인간에게 육체적인 요소와 심적인 요소가 상호 연관되어 있는 것과 마찬가지로 심적인 요소와 영적인 요소도 똑같이 연관되어 있다는 사실입니다. 심리적인 것은 전통적 의학 분야에 속해 있는 것이고, 영적인 것은 종교적인 분야에 속해 있는 것입니다."

나는 의학에 있어서 3단계의 차원이 있음을 규정한 동료 교수의 주장을 기쁘게 생각합니다. 그러나 이 3단계의 차원이란 무엇을 의미하는가 하는 것입니다. 암스테르담에 있는 자유대학(The Free University) 교수인 린더붐(Lindeboom)은 인간을 치료하는 의학이라 하지 말고 정신과 육체를 치료하는 의학이라 해야 옳다고 말했습니다. '심신의학'이라는 말은 심리학에서 쓰는 용어로서, '육체'라는 말에 대립해서 쓰는 의미의 언어입니다. 인간의 질병이 영적인 생활과 불가분의 관계에 있다는 것은 사실입니다. 린더붐 교수가 내 입장을 인용하고 있는 것 같지만 같은 것은 아닙니다. 입장이 다릅니다. 인간이 세 부분으로 나뉘어져서 이야기된다는 것은 용납될 수 없는 논리입니다. 인간의 마음과 육체를 나누어 생각하는 것도 있을 수 없는 일입니다.

의학은 계속해서 전문화되어 왔습니다. 인간의 모든 분야를 전문화하여 분야별로 다양하게 연구하였습니다. 그러나 이것은 실제로 현실적이지 못합니다. 심장병 전문, 류마티스 전문, 심리학 전문 등과 같이 수많은 전문분야를 나누어 놓았습니다. 우리 인간을 전체적인 인간으로 보려 하지 않았습니다. 바로 이것이 의학이 오늘날 실패의 길을 걷게 된 동기입니다. 의학을 분석학적 방법으로, 기술적 방법으로 다루어 온 대가를 오늘날 톡톡히 치르고 있는 결과입니다. 정신과 육체를 배합하는 심신의학 분야까지도 과학적이며, 물질적인 원리로 접근하는 분석적 방법에 의한 것입니다. 정신과 육체의 관계를 상호 관련시켜서 연구하는 전문가들 역시 과학자입니다. 그들이 실제로 이루어 놓은 결과 또한 인간을 각 부분으로 구획해서 분류해 놓는 인간분석학일 뿐입니다. 우리는 한 인간을 전체적으로 다루는 전인격적 관계를 설정해 놓아야 합니다. 이것이 인간의 제3차원입니다.

이는 어디까지나 '관계성' 속에서 찾아야 합니다. 한 인간이 존재하며 살아간다는 것은 '이웃과의 관계', '자연과의 관계', '사회와의 관계' 그리고 '하나님과의 관계' 가운데 살아가는 것입니다. 인간을 영적인 요소로 파악하고 광범위하게 해석하는 것입니다. 그 인간이 남자인지 여자인지, 어떻게 살아가는지가 중요한 것이지, 육체와 정신을 분류해서 문제를 다루는 것이 중요한 것은 아닙니다. 인간을 인간으로 보아야 한다는 것입니다.

하이델베르크(Heidelberg)의 지이베크(Siebeck) 교수는 "한 인간을 한 인격체로 보는 것이 하나님의 창조의 목적이다(it is calling that creates the person)"라고 했습니다. 인간이 세상에 태어난 것이 곧 하나님의 부르심이라는 사실을 인간은 누구나 잊어서는 안 됩니다. 인간은 누구나 자신이 제일 중요하고 자신의 존재가 전부라는 사실을 알아야 합니다. 사람들을 만나서 나를 소개할 때는, 소중한 나 자신을 소개하는 것이지 약을 지어주는 한 직업인(의사)으로 소개하는 것이 아닙니다. 그것은 자신을 기능자로서 밖에는 인정하지 않는 것입니다. 나는 적어도 이웃과의 관계 속에서 인격적인 관계를 맺고 살아가는 존재입니다. 마찬가지로 의사와 환자 관계에 있어서도 개별적이며 인격적인 관계가 되도록 노력해야 합니다. 우리의 관심은 과학, 정치, 경제 등 그 주제가 다양할 수 있습니다. 그러나 인간 문제의 해결은 자기 개인의 삶의 문제를 다룰 때에만 가능합니다. 개인적인 삶에 대해서 말할 때에만 문제가 해결됩니다. 서로의 문제들이 다른 사람에게는 하나의 또 다른 경험으로 와 닿기 때문입니다.

잘 알려진 유대 철학자 마틴 부버(Martin Buber)는 인간에게 두 가지 성질의 관계성이 가능하다고 말했습니다. 그 하나는 '나-그(I-It)'의 관계성입니다. 그것은 대상적 관계를 말하는 것으로 상대를 바라보며 관찰하는 제3자적 관찰자로서의 관계를 의미합니다. 과학적 의학의 위치가 바로 이러한 관계성 가운데서 존립하고 있습니다. 인간을 목적물로 놓고 연구하며 사람을 물질로 취급하고 있습니다. 환자를 인격적으로 대하기를 거부합니다. 그것이 치료에 방해가 되는 결과를 낳습니다. 그들은 인간에 대한 연구를 해부학적으로, 생리학적으로, 심리학적으로 그리고 정신-의학적으로까지 진전시켜 나갑니다. 이것은 인간의 문제를 과학적이며 철학적으로 접근하려는 방법입니다. 부버가 말하는 또 하나의 가능성은 '나-너(I-You)'의 관계성입니다. 여기에서는 인간을 관찰자와 대상자로 구별하지 않습니다. 인간의 문제를 다른 사람과의 인격적인 관계에서 보는 자세인 것입니다. '나와 너'의 관계를 위하여 의사는 자신의 과학적인 방법을 포기해야 합니다. 우리 인간은 문명의 힘에 의하여 물질적인 세계에서 살도록 강요되어 왔습니다.

WCC(세계교회협의회)의 가정분과 위원장인 마삼바 마 므폴로 목사(Rev. Masamba ma Mpolo, 자이레 사람)는 자신이 쓴 책 한 권을 내게 주었습니다. 그 책에 이러한 글이 있었습니다. "서양 의학은 물건을 고치고 아프리카 의학은 사람을 고친다." 그는 내가 말하려는 것을 정확히 대변하고 있었습니다. 의사들은 환자와 인격적 관계를 맺어 나가야 한다는 것입니다. 우리 문명의 발전은 모든 기반이 기술 개발에 달려 있다고 했습니다. 그래서 우리는 모든 것을 물질적으로 보는 데 익숙해져 있습니다. 나는 물질에 대해서만 관심을 두는 서양 사람들과, 인간에 대해서 포괄적인 관심을 두고 있는 나라 사람들과의 사이에 어떤 공통적인 대화가 불가능해지지나 않을까 두려워하고 있습니다. 서양에 살고 있는 우리 의학도들은 인간관계를 물질적인 것으로 보고, 인간들 사이에 일어나는 관계성에 대해서도 신비적인 것으로 취급하고 있습니다. 서양 의사들은 환자들을 가족으로부터 분리시켜 병원에 홀로 있게 합니다. 그리고는 세상이 만든 여러 가지 의약품들을 투여합니다. 반면에 개발도상국의 의사들은 환자를 가족 가운데 그대로 머물도록 합니다.

나는 마삼바 목사님의 책을 읽고, 저들이 자신의 문제를 가족과의 관계 속에서 해결하려고 한다는 것을 알았습니다. 여러분이 아는 바와 같이 여기에는 두 가지 완전히 다른 입장의 차이가 나타나 있습니다. 하나는 기계적 위치이고, 다른 하나는 인격적 위치입니다. 인격적 위치는 보이지 않는 영적인 비전(vision)인 것입니다. 물질적 위치에서 정신적 위치로, 그리고 대상적 위치에서 주체적 위치로의 전이가 필요합니다.

세계 의학계에서는 이러한 문제를 해결하기 위해 모임을 갖고 있습니다. 나는 30여 년 동안 이 일에 관여해 오고 있습니다. 이들을 보세그룹(Bossey Group)이라 부르는데, 그것은 세계교회협의회(World Council of Churches)의 초대 사무총장이었던 비서트 후프트 목사(Pastor Vissert Hooft)가 이들의 첫 모임을 보세에서 갖도록 했기 때문입니다. 여기에서는 의학이 어떻게 한 인간을 전 인격적으로 치유할 수 있는가에 대해서 많은 연구를 해왔습니다. 의사들은 논쟁을 거듭했습니다. 과거에 사람들은 인간에 대해서 설명하려 노력했습니다. 인간의 두뇌를 분석하고 인간의 심리를 분석했습니다. 의사들에게 이러한 연구는 사실 흥미 있는 것들이었습니다. 그러나 이제까지 그들의 논쟁을 통해서 아무 것도 얻어진 것이 없었습니다. 중요한 것은 인간의 변화입니다. 그들이 인간관계에 있어서 진정한 변화를 원한다면 그것은 그 사람 자신에게서 찾아야 하는 것입니다. 사람을 분석하고 논쟁을 벌인다고 해서 해결되는 것이 아닙니다. 그것은 인간의 지식에 대한 적용 연습에 불과합니다.

그래서 나는 여러분에게 제의합니다. 낮에는 우리의 일상 의학에 대해서 대화를 하고 저녁에는 개별적인 우리 자신들의 문제에 대해서 의논해 봅시다. 여러분은 어떻게 의사가 되었습니까? 여러분 스스로가 병을 앓아 본 일이 있습니까? 여러분 자신의 문제점은 무엇입니까? 아내와의 관계는 어떻습니까? 아이들과는 잘 지내고 있습니까? 이와 같이 보세그룹모임(Bossey Group Meeting)에 오는 사람들은 자신의 생활에 대해서 말하도록 요청을 받습니다. 많은 의사들은 자신의 진실이 밝혀지는 것을 두려워하여 이 모임에 나오기를 꺼려합니다. 여기서는 자신의 생활이 얼마나 이중적인가가 실제로 드러나기 때문입니다. 또한 모임을 갖는 과정에서, 자신들이 훌륭한 의료행위를 베풀고 있는 이면에 숨겨져 있는 개인적이고도 이기적인 심각한 문제들이 드러나게 됩니다. 내가 잘 아는 의사들 중에는 끊임없이 강연 요청을 받는 유명한 분들이 있습니다. 그러나 사실 그들은 자신의 문제에 대해서는 아무런 해결의 실마리를 찾지 못하고 있는 사람들입니다.

우리의 교육은 어떻습니까? 어린이 교육부터가 물질적인 교육입니다. 따라서 우리가 주체적이며 인간적인 한 인간이 되기 위해서는 많은 어려움을 겪어야 합니다. 우리는 인간적이기를 두려워하기까지 합니다. 나 자신을 비롯해서 우리 모두가 자신을 나타내는 데 얼마나 부끄러워합니까? 그러나 제3단계의 차원에서는 우리 스스로의 삶을 다른 사람들에게 드러내 보일 수 있어야 합니다.

나는 이제 더 이상 보세그룹을 리드하지 않습니다. 나보다 훨씬 젊고 대담한 친구들이 이 일을 담당하고 있습니다. 지난번에는 오스트리아에서 모임을 가졌습니다. 우리는 아무런 학문적 토론도 가진 바 없습니다. 서로 간에 친밀한 교제를 나누는 것으로 회의를 대신했습니다. 과거에는 밤에만 자유시간을 갖는 것이 상례였으나, 이번에는 낮에도 자유롭게 개인적인 대화를 할 수 있도록 시간 배정을 하였습니다.

무모한 시도였는지는 모르지만 그로 인해 엄청난 변화가 일어났습니다. 사람들은, 과거에는 결코 경험해 보지 못한 모임이었다고 고백했습니다. 강의도, 토론도, 아무 것도 없었습니다. 다만 성경 시간과 나눔의 시간, 서로 마음의 문을 여는 귀한 시간만이 있었을 뿐입니다. 보세그룹에서는 의사와 환자간의 인간적인 관계에 대해 관심을 기울여 왔습니다. 이웃과의 관계, 자연과의 관계 그리고 하나님과의 관계성 등에 대해서도 관심을 두었습니다. 이것이 우리로 하여금 세상 사물의 의미가 무엇인지를 알게 하는 동기가 되었습니다. 즉 인생의 의미와, 죽음의 의미, 질병의 의미는 무엇이며, 인간 개인의 삶의 의미는 무엇인지 등에 대해서 해답을 얻고자 했습니다.

과학은 이에 대한 해결책을 주지 못합니다. 과학에 대한 유일한 해답은 하나의 우연성이라는 것입니다. 의학 부문에 노벨상을 받은 프랑스의 야크 모노(Jacques Monod)는 과학이란 우연과 불가피성(必要)을 제공하는 지식일 뿐이라고 하였습니다. 우연이란 때때로 어떤 새로운 것이 생겨나는 다양성을 의미하며, 불가피성이란 자연 법칙에서의 필연성을 의미하는 것입니다.

1978년 6월 WCC(세계기독교협의회) 산하의 '기독교 의료분과' 주최 강연에서, 레꽁뜨 두 노이(Lecomte Du Nouy)는 하나님을 '반(反)-우연(anti-chance)'이라고 칭했습니다. 하나님과의 관계성에서는 이 세상에 존재하는 모든 것에 의미가 있다고 했습니다. 과학적인 안목으로 보면 세상이란 하나의 수레바퀴와 같은 것에 불과합니다. 무작위의 궤도를 불확정적으로 회전하는 기계적인 현상입니다. '의미'의 문제는 인류를 늘 편견에 빠지게 했습니다. 환자들은 자주 자신이 앓고 있는 병에 대해서 어떻게 해야 할지를 하나님께 묻고 있습니다. 그는 하나님도 믿지 않고 귀신도 믿지 않습니다. 다만 병에 걸리면 최초로 생각하는 것이 자신의 병은 하나님으로부터 오는 형벌이라고 했습니다. 사람들은 누구나 세상에서 의미를 찾으려고 합니다. 자신에게 닥쳐오는 질병에 대해서도 그것이 어떤 의미를 주는 것인지 생각합니다. 그런데 과학자들이나 물질주의자들은 이러한 의미에 대해서 무가치하다고 도외시합니다. 병이라고 하는 것은 우연히 인간에게 들이닥치는 질환이라고 규정합니다.

인간에게는 직감이 있어서 모든 인간사(史)에 일어나는 일은 단순히 '우연'이라고 할 수는 없습니다. 그 이상의 의미가 부여된다는 것입니다. 이것은 사람이 자기 자신에 대해서 책임적인 사고방식을 갖고 있다는 것을 의미합니다. 자기의 인생에 대해 의미를 부여하고 있습니다. 심리학계의 거장인 비엔나의 빅토르 프랭클(Viktor Frankl)은 한때 지크문트 프로이드(Sigmund Freud)에 심취해 있었습니다. 그는 초기에 쓰인 글들을 통해서 이 시대의 아픔은 '성적인 억제'에 기인한다고 말했습니다. 지금은 성(性)이 많이 개방되었는데 다른 분야에서는 아직도 억압된 상태에 머물러 있다고 했습니다. 알버트 까뮈(Albert Camus)는 이 문제에 대해서 오해를 하고 있었습니다. 그가 이를 다룬 것이 《시지푸스의 신화(The Myth of Sisyphus)》입니다. 과연 인생이라는 것이 그리스 신화에 나오는 시지푸스처럼 늘 최선의 삶을 살았음에도 불구하고 결국 끔찍한 고통을 당해 아무런 결실도 없이 끝나게 되는 것인가?

이에 대한 해답은 종교적인 믿음에서만 찾을 수 있습니다. 종교만이 인생의 목적이 무엇이며, 인생의 의미가 무엇인지를 말할 수 있기 때문입니다. 인간의 질병이나 나약함 그리고 인간의 죽음에 대한, 이 세상의 모든 것에 대한 의미를 규명할 수 있는 것은 종교만이 가질 수 있는 유일한 특성입니다. 보세그룹에서는 독일 의학계의 거장인 요레스 교수(Professor Jores)를 초청하여 연구 모임을 가진 적이 있었습니다. 그는 함부르크 대학(Hamburg University)의 총장으로 추대되어 취임 연설을 하는 자리에서 "인간에게 그 의미를 부여할 수 있는 가능성은 '하나님의 의지'에 달린 것이다."라고 하였습니다. 그는 계속해서 인간의 실패에 대한 성서적 의미를 규정했습니다.

인간이 병을 앓게 되는 것은 하나님의 질서를 지키는데 실패했기 때문이라고 했습니다. 빅토르 프랭클(Viktor Frankl)은 현대인들이 '실존적인 공허함' 속에 살고 있다고 말했습니다. 인간이 왜 살아 있으며, 혹은 자신들이 이 세상에서 기울이는 그 모든 노력들이 과연 어떤 성취를 이룰 수 있는지의 여부에 대해서 전혀 아는 바가 없다는 것입니다. 실존주의는 다른 사람들과의 관계를 의미하는 것입니다. 그것은 우리 시대에 질병이 존재하고 있다는 사실을 분명히 말해주는 것입니다. 세상에는 많은 사람들이 살고 있지만, 특히 서양 사람들은 자신들이 지금 왜 살고 있는지에 대한 의미를 잘 모르고 살아간다고 했습니다. 그것이 바로 병든 인간입니다. 병에 걸려 신음하는 세상의 많은 사람들이 절망에 빠져 있습니다. 얼마 전에 나는 스위스 심리분석학자 연합회 회장이 쓴 책 한 권을 읽었습니다. 그는 절망의 의미에 대해서 "우리는 지금 절망이라는 세계에 살고 있다."라고 말했습니다.

제3단계 차원의 의학은 우리의 환자들로 하여금 참된 인간이 되도록 도와주며 그들의 책임이 무엇인지를 깨우쳐 줍니다. 재래의 기술적인 의학의 치료는 환자의 생명에 대한 책임을 의사의 손에 맡겨 버리지만 제3단계 차원의 의학은 자신들의 생명에 대한 책임을 스스로가 짊어져야 한다는 것입니다. 하나님께서 이 질병을 통해 우리에게 하시고자 하는 말씀이 무엇인지를 스스로 알려고 노력할 때에, 비로소 이 세상의 모든 것이 의미가 있게 된다는 사상입니다.

이것은 안드레이 프로싸아드(*Andre Frossard*)의 《두려워 말라 (*Be not Afraid*)》라는 책에서 말하는 것과 같습니다. 이 책은 1984년 런던의 보들리 헤드(Bodley Head)에서 출판된 저서로 교황 바오로 2세와 그의 주치의들 사이에 있었던 대화를 기록해 놓은 책입니다. 그 중에 교황을 수술한 바 있는 쿠르치티 교수(Professor Crucitti)는, 교황에게 교황 자신이 하나님의 음성을 듣고 하늘로부터 내려온 하나님의 사자이지 않다는 사실을 인식시키려 노력했다고 했습니다. 환자는 '치료의 대상'이 아니라, '자신의 병의 주체'가 되어야 합니다.

질문시간

▶ 박사님께서 말씀하신 바에 의하면 아프리카에서는 환자를 치료할 때 전인격적인 인간으로 대하며 하나의 치료대상으로만 여기지 않는다고 했습니다. 그리고 아프리카에는 우리가 갖지 못한 강한 공동체 의식이 있다고 하셨는데, 박사님께서는 우리가 어떻게 이러한 3단계 차원의 의학을 산업화된 서양세계에 적용할 수 있다고 보십니까?

서양의 생활 모형은 일방적인 문명의 결과로 만들어진 형태입니다. 완전히 물질적이며 기술적입니다. 이러한 문명의 단점이라고 할 수 있는 것은 인간적인 관계성의 결핍입니다. 우리의 생활이 인간적인 관계성으로 이루어지지 않는 한 우리 사회에 새로운 인간관계를 회복하기란 쉽지 않을 것입니다. 가족 관계에 있어서도 그렇고 치료 관계에 있는 '환자-의사'의 관계에 있어서도 마찬가지입니다.

우리 사회에서 가장 중요하게 요구되는 요소가 바로 이러한 공동체 의식입니다. 교회의 공동체나 작은 그룹들에는 인간 개개인의 인격적 관계성이 가장 중요한 요소로 등장합니다. 전제적인 (카리스마적인) 지배 형태가 기본이 되기도 합니다. 구성원들은 자신에게 필요한 것이 무엇인지를 함께 나누며 추구해야 합니다. 특히 젊은이들은 산업화된 기술 사회에서 부족한 공동체 의식을 살려 새로운 형태의 공동 사회를 다시 형성해 나가려고 노력해야 합니다.

▶ 과거에는 대부분의 사람들이, 가정에서 모든 가족들이 지켜보는 가운데 마지막 운명을 했습니다. 그러나 오늘날에는 죽음이 임박한 결정적인 순간에도 병원의 한 병동이나 중환자실에서, 아무런 대화의 시간조차 없이 그냥 사라져 갑니다. 어떻게 생각하십니까?

전통적으로 보면, 인간은 가족의 품에서 태어나고 또한 가족의 품속에서 죽어 가는 존재입니다. 그러나 오늘날 인간들은 물질문명 사회에 태어나서 그 흐름을 타고 죽어갑니다. 참으로 서글픈 일이 아닐 수 없습니다. 그것은 바로 인간의 삶이 관계성 속에서 이루어져야 한다는 사실을 거부하고 있기 때문입니다.

나는 4년 전에 아내를 잃었습니다. 우리가 함께 아테네에 있었을 때였으며, 당시 나는 아테네에 있는 미국 사람들에게 강의하기로 되어 있었습니다. 아내는 관상동맥혈전증에 걸려 있었기 때문에 그곳 병원에서 한 달간 집중적인 치료를 받으며 입원해 있었습니다. 집에서는 이런 치료가 불가능했기 때문입니다. 그러나 아내는 병원을 떠나 나에게로 왔습니다. 호텔에서 3일간을 함께 보내고 그녀는 세상을 떠났습니다. 우리는 서로에게 친구가 되어 주었습니다. 대화도 하고 나누기도 하였지만 묵상하는 시간이 더 많았으며, 또한 우리는 기도했습니다. 아내가 죽기 10분 전에도 우리는 아내의 죽음에 대해서 이야기했습니다. 물론 그녀가 병원에 있을 때 매일 방문하기는 했지만, 병원을 떠나 내게로 온 것을 나는 기쁘게 생각했습니다. 그녀는 내 편에서 그리고 내 품에서 죽었습니다. 아내는 자신이 죽는다는 것을 알고서 죽었습니다. 아내는 자신의 죽음에 대해 두려워했고 그 두려움을 이야기했지만, 나와 죽음의 두려움을 나눈 후에 편안한 마음으로 죽을 수 있었습니다. 동시에 그녀는 자신이 다시 부활할 것을 확신했습니다.

-긴 침묵이 흐른 후에-

아마 여러분 중에 더 이상의 질문이 필요하지 않을 것입니다. 나는 너무나 개인적인 것들에 대해 이야기를 했고, 개인적인 이야기를 오래하다 보면 다소 권태로워지기까지 합니다. 그리고 생각에 혼란을 일으키게 됩니다. 우리는 우리의 비인간적인 문명에 다시 인간적인 관계성을 도입하도록 누차 강조해야 합니다. 인간의 정으로 이루어지는 인간 관계성을 우리의 병원, 우리의 사무실에 도입해야 하고 우리가 가장 즐겨 사용하고 있는 거실과 부엌에도 도입해야 합니다. 그리고 어디서나 우리의 삶에서는 서로 간에 인격적 관계가 이루어지도록 노력해야 할 것입니다.

개발도상국들에서는 우리가 두려워하는 죽음을 두려워하지 않습니다. 이미 죽은 자들이 산 자들과 계속적인 관계를 맺습니다. 어떤 행사를 하더라도 먼저 그 죽은 자들(자기 조상들)과 연관시켜서 행사를 치릅니다. 이는 서양의 정신과는 아주 다른 것입니다. 그들의 행사는 우리의 행사보다 훨씬 더 건전하고 훨씬 더 자연스럽게 이루어집니다. 서양의 문명은 그 기술과 성취에 대해 매우 자랑으로 삼고 있지만 죽음에 대해서는 입을 다물고 있습니다. 그래서 서양의 문명은 죽음을 항아리 속에 숨겨두고 논하려 하지 않습니다.

의사들은 죽음을 기다리는 사람들을 중환자실에 격리시켜 놓고 자기들이 하는 일은 환자를 위로하는 일이라고 말합니다. 이에 대해 밸린트(Balint) 교수는 우리가 누구를 위로하는 것이냐고 반문합니다. "죽음의 환자를 위로하는 것인가, 아니면 의사를 위로하는 것인가?" 우리는 두려움에서 벗어나기 위해 과장된 행동을 하고 있습니다. 서양의 문명은 인간의 생명이 하나님의 신성으로 기름 부어졌다는 사실을 부인하기 때문입니다. 우리 인간이 유전공학의 발전과 기술의 진보적 개발로 어디엔들 못 가겠습니까? 우리 인간이 서양의 문명을 통해서 무엇인들 못하겠습니까? 우주 만물을 다스리시는 하나님의 일도 자기들이 할 수 있다고 장담합니다. 결국 우리는 하늘에 도전하고 신에게 도전합니다. 우리 의사들도 이들 문명의 한 소산으로 이 세상에 존재하고 있습니다. 그러므로 의학은 교만으로 극치를 이룬 문명의 한 부속물이며 과학 문명의 일부분입니다. 그러나 인간의 죽음 앞에서는 아무 것도 손쓸 수 없는 무능한 자신을 발견하고 극단의 허탈감에 빠지고 맙니다.

전통적인 개신교회에서는 상갓집에 가서 밤새우는 것을 좋지 않게 생각합니다. 그러나 이것은 크게 잘못된 판단입니다. 인간의 정서적인 면에서나 심리적인 면에서 장례의식은 굉장히 유익한 율례입니다. 나는 남부 스페인의 어느 상갓집에 가서 이웃 사람들, 친척들과 함께 밤을 새워본 일이 있습니다. 돌아가신 분의 자녀들과 가족들이 함께 울며 시신에 가까이 있었습니다. 시신을 밤새도록 지키며 같이 지냈습니다. 참으로 바람직한 일입니다. 죽은 자와 산 자의 일치가 이루어지는 것입니다. 제네바에 살고 있는 나의 한 친구는 나이가 59세 되도록 한 번도 죽은 사람을 본 일이 없었습니다. 그 남편의 임종이 거의 임박해 왔는데, 그녀는 남편이 죽을 때 자신이 시신의 눈을 감겨주겠다고 했습니다. 나는 이를 흔쾌히 승낙했고 그녀는 그렇게 했습니다. 그것은 참으로 감동적인 경험이었습니다.

여러분은 레이몽드 무디 박사(Dr. Raymond Moody)의 《죽음 후의 삶(Life after Death)》이란 책을 읽어본 일이 있습니까? 이 책에서는, 의학적으로 완전히 죽은 사람이 근대적인 의학 기술에 의해 다시 살아난 것에 대해서 문제를 제기했습니다. 물론 그들은 저 세상에 가지 않았습니다. 곧 다시 살아났기 때문입니다. 그러나 그들은 저 세상을 향해 한 걸음을 내딛었습니다. 그가 숨을 거둔 후 몇 분 이내에 그의 죽음에 대한 모든 증거는 일치하며 명백했습니다.

무디 박사는 한 의사에 의해서 죽었다는 의학적 판결이 공식적으로 내려졌다가, 현대 의학의 도움으로 다시 살아난 사람들에 대해서 연구했습니다. 물론 그들은 저 세상으로 가지 않은 채로 이 세상으로 다시 돌아온 사람들이지만 저 세상 길에 첫 발은 내딛었던 것입니다. 사람이 죽은 수분 동안에 의사는 그가 죽었다는 판결을 내리고 모든 상황은 그것을 확실히 보증합니다. 그리고 죽은 자(死者)는 방의 천장 주위를 돌면서 의사와 간호사들이 자신의 시신을 수습하는 것을 보고 있습니다. 그들은 또한 의사가 자신의 시신을 만지고서 "죽었습니다."라고 하는 말을 들을 수가 있습니다. 그러므로 의학적인 견지에서 인간이 완전히 죽었다는 판결이 내려졌어도 저 세상의 문이 열리기까지는 의식이 지속되고 있다는 사실이 증명된 것입니다.

내 아내가 죽었을 때는 무디 박사의 이 책을 읽어보지 않은 상태였습니다. 지금 회상해보면 아내가 죽었을 때, 곧 바로 내가 취한 행동을 그녀가 알았던 것 같습니다. 그녀의 죽음을 알리는 전화를 하고 있을 때에도 아내는 살아있었던 것이 분명합니다. 무디가 증언한 바에 의하면, 그녀는 죽음을 알리는 나의 전화 소리를 듣고 있었던 것입니다. 그러므로 이 세상의 삶과 저 세상의 삶 사이에는 짧은 전환기가 있는 것입니다. 우리가 죽은 자의 삶을 더 이상 추적할 수는 없지만, 이 두 세계의 삶 사이에 한 중간시기(interval)가 존재하고 있는 것은 사실입니다. 인간이 죽음에 이르는 시점인 임종의 순간은 이 세상에서 저 세상으로 가는 완충기로서 참으로 거룩하게 성별되어야 할 시간입니다. 그러므로 인간은 어떠한 경우에라도 병원에서 죽음을 맞는 일이 없도록 해야 합니다. 내가 죽을 때에는 집에서 나의 가족과 함께 있고 싶습니다. 내가 죽은 후에도, 나 자신의 죽음을 스스로 인식하고 있다는 사실을 가족들이 알고 있기 때문입니다.

▶ 인간적인 관계성을 중시하셨는데 그러면 우리가 환자를 치료할 때 사용하는 모든 물질적인 재료와 방법들에 대해서는 어떻게 생각해야 됩니까? 우리가 이러한 인간관계를 제대로 실천하기 위해서 의사의 수술 행위나 병원의 시설물 등에 대해서는 도외시해도 괜찮다는 말씀입니까?

나는 그 두 개념이 서로 연관되어 있다고 생각합니다. 처음에는 의사들이 스스로의 자세를 바꾸려고 노력해야 합니다. 인간관계의 중요성에 대해 인식하고 단호히 받아들여야 합니다. 이에 대해 경험이 있는 의사들은 재차 과거에 시행했던 방법으로 환자를 대하지 않습니다. 더 이상 과거의 선입관에 얽매이지 않게 됩니다. 이러한 생각을 가짐으로 설득력이 강해져서 누구나 쉽게 받아들일 수 있게 됩니다. 그러나 아직도 구태의연하게 물질적인 방식에만 의존하는 사람도 있습니다.

내가 잘 아는 한 의사는 큰 병원에서 근무하고 있었는데, 그 자리를 사임하고 아주 작은 병원으로 옮겼습니다. 사람들과 더욱 가까이 어울리며 일하기 위해서였습니다. 이러한 결정을 내리는 것은 각 개인이 스스로 판단해야 하는 사적인 일이라고 생각합니다. 그러므로 이를 공식화해서 오늘날 서구의 현대식 병원이 인간적인 관계성을 중시하는 병원으로 전환해야 한다는 것입니다. 그리고 아무리 현대 의학이라 하더라도 인간을 전인적으로 다루는 길은 인격적 관계에 의해서만 비로소 가능하다는 사실을 깨달아 알아야 합니다.

▶ 인간에게 무서운 고통을 안겨 주는 질병이 하나님께로부터 온다는 생각에 의문을 갖지 않을 수 없습니다. 기독교의 성전인 신약성서에 의하면 거기에 병을 치유하는 기사가 많이 나옵니다. 그 의미에 대해서 말씀해 주십시오.

인간의 불합리성을 질병의 의미와 연관시켜서 생각하는 사람들은 하나님을 인간에 대해 무서운 벌을 내리시는 존재로 생각합니다. 바로 엊그제 나는 트로이네(Troinex)에 있는 내 집에서 프랑스 TV방송국 기자와 인터뷰를 했습니다. 그 때 질병의 의미에 대해 말하면서 하나님은 인간의 죄에 대한 벌로서 병을 앓게 하시는 분이 아니라고 했습니다. 만일 그것이 사실이라면 나는 오히려 하나님께 대항해서 싸울 것입니다. 그래서 그 질병을 결단코 고치려 할 것입니다.

그러나 하나님은 그런 하나님이 아니십니다. 항상 인간의 편에 계신 분이십니다. 그래서 인간에게 닥친 질병을 고치려 하십니다. 그러므로 우리는 하나님과 함께 질병을 고치기 위해서 협력하며 노력해야 합니다. 병을 쉽게 고치는 사람들은 각기 나름대로의 질병에 대한 의미를 가지고 있습니다. 그러나 반대로 병을 잘 고치지 못하는 이들은 대부분이 인간의 질병에는 아무런 의미가 없다고 생각하는 사람들입니다. 그리고 이러한 생각이 그들의 병을 더욱 악화시킵니다. 물론 고통도 배가됩니다.

▶ 당신이 주장하는 그 연구 내용을 앞으로 의사가 되려는 사람들에게 공식적으로 가르치도록 교과를 추가, 변경시켜야 한다고 생각하십니까? 아니면 그것을 단순히 그들의 경험을 통해서 얻어지도록 해야 합니까?

이러한 인격적인 분야의 치유 방법은 일반적인 학교의 교과 과정을 통해서 교수되어질 성질의 것이 아니라고 생각합니다. 우리 유럽에 있는 몇몇 대학 전문가들이나 미국의 대학 사람들에게서 몇 차례 그러한 제의를 받은 것은 사실입니다. 그러나 나는 그 때마다 이를 거절했습니다. 인간관계란 그렇게 쉽게 가르쳐지는 것이 아니기 때문입니다. 인간과 인간이 서로 간에 진정한 대화를 나눌 때에만 가능한 것입니다. 그리고 이에 대해서 가르칠 수 있는 사람이 있다고 하더라도 나는 아닙니다.

오늘날 비로소, 인간 심리학이 의학대학의 교과 과정에 들어오기 시작했습니다. 과거에는 어림도 없는 일이었습니다. 인격적인 의술은 가르쳐서 될 일이 아닙니다. 어느 의과대 학 교수가 이 분야에 대해서 깊이 있는 연구를 하고 이를 실제 자신의 교수 학습에 도입한 일이 있었습니다. 그는 환자의 병상에서, 환자와의 대화를 통해서 사람들에게 어떻게 치유에 임하는가를 보여 주었습니다. 이것은 '가르침'이 아니라 '대화'였습니다.

▶ 일반 병원에서 근무하는 의사가 신앙을 갖고 환자를 대할 때, 그가 하나님에 대하여 말하지 않으면서도 그와 같은 인격적인 인간관계를 가질 수 있다고 보십니까?

그것은 각 개인에게 달린 문제입니다. 그리고 각 개인은 하나님이 각자에게 기대하고 계신 것이 무엇인지를 물어야 합니다. 내가 그것을 추측해서 말해 줄 수는 없는 노릇입니다. 하나님께서는 우리 각자에게 말할 때와 침묵할 때를 보여 주십니다. 조용히 있어야 할 때 말을 한다거나, 말을 해야 할 때 침묵을 지킨다면 상황은 매우 심각해집니다. 조용히 있어야 할 때 말하게 한다는 것은 대단히 곤욕스러운 일입니다.

▶ 교회가 지역마다 그 주민들에 대한 책임을 지는 것처럼, 이와 같은 인격적인 치유의 정신과 의사도 각기 맡는 지역이 따로 있었으면 좋겠습니다. 이에 대한 의견은?

지역화한다거나 일반화한다는 것은 바람직하지 않습니다. 교회는 각기 교회마다의 특성이 있기 때문입니다. 내가 속해 있는 교회가 지역 교회이기 때문에 자연히 그렇게 되었지만, 나는 진정으로 각 교인마다 교회와 인간적인 유대관계가 있는 경우를 더 좋아했습니다. 공동사회에서 같이 일한다는 지역적 관계에서가 아니라, 그들 서로 간에 진정한 인간적 관계가 일어나느냐 하는 것입니다. 목사와 회중 사이가 친밀한 관계로 강력하게 접착되어 있다면, 그 교회는 진정으로 '산 교회'라 할 수 있습니다. 그러나 불행하게도 교회는 그 외모처럼 그렇게 밀접하게 맺어져 있지 못합니다.

나는 교회 모임에 나가는 사람들을 많이 치료하였습니다. 그들은 어려운 일을 많이 당합니다. 어떤 때는 위장하고, 어떤 때는 숨기며, 또 어떤 때는 노골적으로 공격하기도 합니다. 사람들 앞에서 얼굴을 맞대고는 서로 웃지만 돌아서면 서로 비방하고 헐뜯고 있습니다. 교회라는 체면 때문에 겉으로는 참고, 내색하지 않지만, 그들은 나에게 와서 울면서 자신들의 아픔을 털어놓고 말합니다. 교회 회중들이 이러한 불만과 비판을 교회 자체 내에서 해소하지 못하고 털어놓지 못하면 공격의 화살이 그 밖의 다른 곳으로 옮겨지게 됩니다. 그들의 발이 머무는 곳에 평화가 상실됩니다.

내 경우에도 교회에서 불화가 일어나지 않기 위해 노력하면 할수록 더 일이 그르쳐지는 것을 많이 경험했습니다. 성경에도 보면 예수님께서 화를 내셨다는 말씀이 나옵니다. 인간의 약점과 불만은 그대로 발산되어 해결의 길을 찾아야 합니다. 이것은 점잖은 것을 가장하여 더 많은 불만을 마음에 두는 것보다 낫습니다. 인간관계, 특히 교회 공동체 내에서의 솔직성과 대담성이 요청됩니다. 그래야만 진정한 인간관계가 이루어질 수 있습니다.

며칠 전에 나의 아들이 이런 말을 하는 것을 들었습니다. "저는 절대로 아버지를 이길 수가 없습니다. 왜냐하면 아버지께서는 전혀 화를 내지 않기 때문입니다." 사실 나는 아무리 화가 나더라도 결코 이성을 잃지 않는 것을 지상의 자랑으로 삼아왔습니다. 그러나 그것은 너무나도 많은 것을 잃는 어리석은 생각이었습니다.

6

여성의 치유
− '세계여성의 사명'이란 주제의 연설에서 −

앤너시 호수(Lake of Annecy) 근처에 있는 타알로이어(Taloires)에서 개최된 한 회의에 참석하고 있을 때에 맥 야네 여사(Mme Mac Jannet)가 나를 어느 미국인에게 소개하였습니다. "이 분은 투르니에 박사님으로,《세계 여성의 사명》이라는 책을 쓰신 분입니다." 그는 나를 뚫어지게 쳐다보며 "당신은, 꽤 신경질적이더군요!"라고 말했습니다. 사실 나는 그 책에 대해서 확신을 갖지 못했었습니다. 더구나 여자의 일에 대해서, 남자가 글을 썼다는데 대해 분노하는 여성분들이 있다는 사실을 알고는 더욱 그랬습니다. 여자들은 스스로가 자신들의 사명에 대해서 말하고 싶어 합니다. 또한 그렇게 하는 것이 원칙이라고 생각합니다.

오늘날 현대 사회에서는 "여성의 문제냐" 혹은 "남성의 문제냐"

하는 것이 별로 의미가 없다고 생각합니다. 오늘날을 살아가는 사람들에게 있어서 분명한 것은 사회학자나, 심리학자, 또는 정치가들이 한결같이 주장하는 바와 같이 서양문명은 병들어 있다는 것입니다. 우주를 탐험할 만큼 고도의 발전을 이룩한 과학 기술 사회가 인간과 인간 사이, 즉 개별적 인간관계에 있어서는 얼마나 그 관계성이 빈약해 있는가를 생각할 때에 그 차이란 이루 말할 수 없이 큰 것입니다. 나는 〈매취(Match)〉란 잡지에 실린 글의 내용을 여러분에게 소개하고자 합니다. 아프리카에 가서 연구조사 활동을 하였던 한 사회학자의 기사였습니다. 아프리카 사람들은 우리가 잘 아는 바와 같이 얼마나 우리들을 성대하게 환영하는지 모릅니다. 헛간 같은 집이기는 하지만 그들은 자기들의 처소로 우리를 데려가서 마치 자기들의 가족처럼 대접을 합니다. 우리는 완전히 그들 중의 한 사람이 되어 버립니다. 아니 그들은 우리를 그렇게 만드는 것 같습니다.

그런데 우리는 어떻습니까? 이 사회학자가 아프리카를 떠나 파리로 돌아와 사르르 드골(Charles de Gaulle) 공항에서 시내로 가는 버스를 탔습니다. 승객들이 차례차례 줄로 앉아 있었는데, 그들은 서로 간에 단 한 마디의 대화도 나누지 않았습니다. 아니 옆 사람에게 눈길조차 주지 않았습니다. 마치 침묵을 깨면 하늘이라도 무너질 듯이 말입니다. 어떤 사람들은 시간을 보내기 위해서 탐정소설을 뒤적거리고 다른 몇 사람들은 창문 밖을 멍하니 바라보고 있었습니다. 후에 그 사회학자는 이렇게 말했습니다. "이것이 바로 정신적인 미개발국가에 사는 인간들의 군상이로구나!"

 기계에 대한 것이라면 우리 유럽 사람들은 타인의 추적을 불허할 만큼 발달되어 있습니다. 그러나 인간성에 바탕을 둔 인간관계에 있어서는 아직 개발되지 못한 미개발 상태에 있습니다. 우리들은 이 사실을 잘 알고 있습니다. 그러면 도대체 누가 이렇게 만들어 놓았단 말입니까? 누가 기계에 대해서 그렇게 관심을 두었습니까? 그것은 남자들이었습니다. 인간의 성품과 질적인 면에 대해서 관심을 가진 사람들은 누구입니까? 그것은 여자들이었습니다. 우리의 문명은 이와 같이 남성이라는 정점을 향해서만 지향하는 바람에 굉장히 고통을 당해 왔습니다. 모든 가치는 남성중심으로, 남성위주로 짜여 있습니다. 그들은 가치관을 소유욕, 권력, 그리고 파괴력 등과 같은 과학적 물질주의에 두고 있습니다. 그렇기 때문에 타인과의 관계 속에서, 인간의 주관적 심성에 관심을 두는 정신적 가치관은 상대적으로 약화되어 버린 것입니다.

 비이성적인 가치관이나, 종교적인 신앙관, 모든 인간들의 신비적인 요소 등은 이러한 기계적이고 과학적인 가치들이 만들어 놓은 메마른 사막 한가운데서 실종되어 버렸습니다. 이러한 현상들은 여러분들이 이미 실제로 목격하고 있습니다. 오늘날 우리의 아이들에게는 인형이 안겨져 있지 않습니다. 인형 대신 모형차(車)가 주어지고 그것을 받은 아이들은 어떻게 움직이는지를 알기 위해 뜯어서 떼어놓고 조각내어 버립니다. 인간들의 관심사란 다만 사물들이 어떻게 일하며 작동하는가를 알아내는 것뿐입니다. 인간의 기능과 기술을 개발하는데 도움이 되는 잡지를 읽으며, 이에 대한 지식을 얼마나 습득했느냐가 바로 한 인간의 가치 정도를 측정하는 기준이 됩니다. 그러므로 우리 인간은 기계가 어떻게 작동하는가를 잘 알아야 하며, 분리, 해체, 재조립, 재작동 등의 기술을 습득해야 합니다.

제네바에 있는 유럽 핵연구센터(CERN; The European Center for Nuclear Research)에서는 핵과학자들이 사물의 가장 작은 분자들을 더 작은 분자들로 분리하는 작업을 하고 있습니다. 그것은 가장 작은 분자 안에 무엇이 들어 있는가를 알아내기 위한 작업입니다. 남자들은 이와 같이 계속적인 분리 작업을 통해서 모든 것이 개별적으로 나뉘어져, 전 세계의 통합이 불가능하게 됐다는 사실을 전혀 깨닫지 못하고 있습니다. 오히려 여성들이 이 조각난 세상을 하나로 통합하고, 가정을 공동사회로 일구어가고 있습니다. 인간과 인간 사이에 인격적인 관계성을 심도 있게 맺어줌으로 사회가 하나로 통합되는 길을 열어갑니다.

융(C. G. Jung)은 설명하기를, 남자나 여자는 다 같이 기술적인 능력과 정적인 능력을 가지고 있다고 하였습니다. 그의 주장에 의하면 남자에게는 엔니마(anima)라는 여성 경향성의 심리 요소가 내재하고 있습니다. 그러나 남자는 그 정(情)적인 요소를 압

박하여 활동하지 못하게 하는 동시에 자신에게 있는 기계적인 요소는 자유롭게 활동하도록 하여 크게 개발시킨다는 것입니다. 반대로 여자는 이성적이며 물질적인 능력을 억압하고 정(情)적인 품성의 영역을 한껏 확대시킵니다. 여성에 있어서는 그 내적 깊은 곳에 남성적 능력을 제공해 주는 엔니무스(animus)가 존재하고 있습니다. 그래서 오늘날 해방된 여성들은 남자들이 하는 모든 일을 자신들도 할 수 있다는 사실을 입증하듯이 남자들과 함께 일하고 있습니다. 과거에는 이 일들은 오직 남자만 하는 일들로 알았습니다. 지난 20~30년을 돌아볼 때 여자들은 자신들의 엔니무스(animus)적인 해방을 맞이했는데, 남자들은 여성 경향성의 엔니마(anima)적인 해방을 이루지 못했습니다. 그러므로 남자들은 정서적인 장애자가 되어 극단적인 물질주의, 과학주의 그리고 이성(理性)주의에 빠지게 되었습니다.

남자들은 감정 표현을 인간적으로 자유롭게 하려다 심한 당혹감에 빠지게 됩니다. 여자는 자유롭게 자신의 감정을 표현할 수 있어서 여자로서의 심리를 표현함과 동시에 남성적인 표현도 가능케 하는 남성화의 감정도 유감없이 발휘할 수 있습니다. 반면에 남자는 여성적인 표현을 나타낼 수가 없습니다. 오직 남자는 남자로서의 역할만 하도록 교육 받으며 성장했습니다. 어려서부터 여성화되려는 요소가 표현될까봐 감시를 받으며 자라왔기 때문입니다. 여성화되려는 표현이나 감정을 전혀 가질 줄 모릅니다.

어렸을 때 소년들은 "울지 마라! 남자는 울어선 안 돼, 오직 여자만 우는 거야."라고 어머니로부터 교육받아왔습니다. 소녀들은 어렸을 때부터 자신의 감정을 자유롭게 표현할 수 있는 권리가 있었지만 남자아이들에게는 그런 권리가 주어지지 않았습니다. 남자아이들은 스스로가 자신의 감정을 억제해야 했으므로, 그들의 심리 태도는 자신에게 솔직하지 못한 물질주의요 형식주의요 가식주의에 빠지게 되었습니다. 어머니들의 교육 철학은, 남자아이는 감정을 스스로 제어할 줄 아는 성숙한 단계로 가길 원했고, 여자아이는 자유롭게 감정 표현을 하도록 놓아두는 것이었습니다.

얼마 전에 나는 뮌헨(Munich)에 갔었습니다. 몇몇 미국인들을 만났는데 그 중에는 유명한 미국 작가도 있었습니다. 그는 나를 아주 예의바르게 소개했습니다. "폴 투르니에 박사님은 제가 구태여 소개해 드릴 필요가 없을 정도로 잘 알려진 분이십니다. 여러분들도 다 아시겠지만, 보시는 바와 같이 이러한 인상을 가지신 분입니다." 나는 웃음을 터뜨리지 않을 수 없었습니다. 그는 당황하며 그렇지 않느냐고 나에게 물었습니다. 내가 추구하고자 하는 것은 한 인간의 인상에 관한 것이 아닙니다. 내가 관심을 두고 있는 것은 한 인간의 인격 그 자체입니다.

사람들은 어떤 사람에 대해 판단할 때 너무나 그에 대한 인상에 치우쳐서 그 범위를 벗어나지 못하는 경우가 많습니다. 나의 가장 중요한 목적이 있다면 그것은 한 인간에 대한 메시지를 전해주는 것입니다. 나에 대해 소개하면서 내가 어떠했다는 과거의 중요한 인상에 관해 말함으로 대신하려는 것은 적절한 소개가 아닙니다. 인간 그 자체는 그의 인상과 같지 않습니다. 우리는 인간 자신의 감정이나 그 마음에 중점을 두어야 합니다. 그의 인상이나 추상적인 자기 개념에 의해 판단하는 오류를 범해서는 안 됩니다. 그러므로 우리는 자신의 얼굴에 의해서 평가받지 않도록 사람들의 모든 안목으로부터 해방되기를 바랍니다.

한 인간은 인간 자체로서의 자신을 보여주고, 자신을 나타내며, 자기 그대로의 모습으로 바라보아 주기를 원하고 있는 것입니다. 남자들은 집에 돌아오면 말을 잘 하지 않는 편입니다. 심리학자들은 이러한 점을 지적하곤 합니다. 대부분 우리 가정에서는 여자가 남자보다 말을 많이 하는 것이 사실입니다. 여자들이 나에게 와서 이런 말을 합니다. "저희 남편에 대해서 좀 알아보려고 제 친구들을 집으로 초대하지요. 제가 전혀 모르는 일들을 그가 친구들에게 말할까 해서요." 남편들은 대체적으로 자기 부인에게 말하지 않고 있는 것에 대해 별로 의식하지 않습니다. 어떤 남자가 저희 병원에 찾아왔습니다. 그는 들어서자마자, 자신은 많은 사람들이 문제시하는 그런 결혼 생활 문제로 찾아온 것이 아니라고 말했습니다. 자신에게는 다행스럽게도 그런 문제가 없다는 것이었습니다.

"참 좋으시겠습니다. 선생께서는 정말로 운이 좋은 분이십니다."

"우리는 처음 시작부터 서로의 마음 문을 활짝 열어 놓기로 약속했습니다. 우리는 이 약속을 지켰고 서로 간에 비밀은 아무 것도 없었습니다."

"예, 축하드립니다."

나는 거의 한 시간 동안을 대화하고 그를 보냈습니다. 그는 문제를 갖고 있었습니다. 직장에 대해서도 문제가 있고, 그의 영적 생활에 있어서도 문제가 있었습니다. 그를 배웅하면서 나는 그의 고민에 대해서 부인이 어떻게 생각하느냐고 물었습니다.

"제 아내 말씀입니까? 저는 그 사람에게 이런 얘기는 하지 않습니다. 그 사람은 전혀 모르고 있습니다."

"우리는 서로 모든 것을 말합니다."라고 대답한 말이 그 자신에게는 진실이었습니다. 그가 자신의 문제를 아내에게 말하지 않는 것에 대해서 전혀 의식하지 않고 있었기 때문입니다. 남자들에게 있어서 봇물처럼 범람해 있는 문제는 역시 성적인 갈망입니다. 그는 사랑에 빠져 있을 때 여자에게 많은 말을 합니다. 그리고 여자는 그가 학교 시절의 얘기부터 시작해서 친구 얘기 등, 수많은 것을 말하는 그에게 완전히 감동합니다. 남자는 그 이상 인간적일 수가 없습니다. 그들은 피차 매료되었고 황홀해 있습니다. 엄청난 감정에 극치를 이룹니다. 결국 그들은 결혼하고 남자는 그가 갖고 싶어 하던 것을 갖게 되었습니다. 한 여인을 소유하였고 그리고 이미 만족하였습니다.

남자는 말합니다. 거기에는 더 이상 아무 것도 없다고···. 더 이상 과거의 그 감정은 맛볼 수 없다고 말합니다. 이제 서글픈 사실이 현실로 되어버린 것입니다. 그는 다시 여자와의 감미로운 입술을 추구합니다. 그러나 그가 찾는 여자는 아내가 아니고 자신의 아름다운 비서입니다. 그의 환상은 다른 방향을 향해 가고 있습니다. 남자는 아내보다 다른 여자에게 자신이 더 잘 이해되어진다고 생각합니다. 자기 아내에게는 말하지 않았던 모든 비밀들을 그 여자에게는 다 말합니다. 이것은 참으로 위험한 일입니다. 그가 단지 성적 욕구로서만, 자신의 감정을 언어로 표현하는 능력을 회복하였기 때문입니다. 그러므로 결혼한 부부는 자신들의 감정을 나타내는 대화를 잘 유지해 나가야 합니다.

남자는 물질적인 감각을 가진 반면에, 여자는 심적인 감각을 갖고 있습니다. 이 세상은 남자들의 생각으로 세워진 것입니다. 그러므로 물질적인 것은 상당한 발전을 이루었습니다. 기계 기술도 많이 발달하여 남자들에게 기쁨을 주고 있습니다. 그러나 인간 상호간에 희생하고 사랑하는 일에 대해서는 대단히 빈약한 상태입니다.

인간적인 감정의 소유자는 과연 누구입니까? 그것은 여자입니다. 여성이 보다 섬세한 감정을 소유하고 있습니다. 내 경우가 그렇습니다. 결혼 생활 중에 일어난 몇몇 사건들을 살펴보면 확실히 아내에게서 인간적인 면모를 더 발견하게 됩니다. 제가 이렇게 여자에 대해서 말할 수 있는 것도 사실은 아내의 영향을 많이 받았기 때문입니다. 나는 세상에서 가장 말을 적게 하는 사람 중의 하나입니다. 한 번은 우리가 이혼문제에 대해서 의논하고 있었습니다. 나는 그 때 이혼에 대한 총체적인 이론에 대해서 말하고 있었는데, 아내는 나의 말을 가로막으며 이렇게 말했습니다.

"당신이 지금 말하고 있는 것은 도대체 누구의 얘기죠?"

"나는 지금 다른 사람에 관해 이야기하는 것이 아니라, 이혼문제 자체에 대해서 말하고 있는 거요."라고 대답했습니다.

나는 그때에서야 비로소 깨닫기 시작했습니다. 한 여자가 관심을 두는 것은 이혼에 대한 문제가 아니라 바로 누구누구의 이혼, 즉 마가레트라든지, 요안나라든지, 세일라라든지 하는 구체적인 사람의 이혼에 대해서 관심을 갖고 있는 것입니다. 그것은 나에게 일종의 계시와 같은 것이었습니다. 나는 나 스스로에게 말했습니다. "나는 세계 곳곳을 다니며 30~40년 동안이나 인간이란 어떠해야 되는지를 설교하고 다닌 사람이다. 그런데 아직까지도 나는 인간적인 감정을 지니지 않은 인간이었던 것이다."라고.

세상에 속해 사는 한 인간으로서 이 사회에서 일어나는 문제에 대해서 관심을 갖고 연구하는 것은 당연한 일입니다. 그러나 모든 남자들이 다 그렇듯이 나도 역시 인간으로서의 감정을 지니지 못한 사람이었습니다. 남자에게는 언제나 학교 교장선생님과 같은 성격이 있어서 누구를 가르치려 하고 설명하려 합니다. 그리고 여자란 아주 작은 일에도 마음을 빼앗겨 이성을 잃는다고 생각합니다. "여보, 저거 재미있지 않아요? 그것 참 대단하지 않아요?"라고 말하지만, 남편은 무엇엔가 열중하여 아내의 이야기는 머리에 들어오지도 않습니다.

철학자인 마틴 부버(Martin Buber)는 취리히(Zurich)에 와서 여러 해를 보낸 적이 있었습니다. 그는 두 가지의 관계성에 대해서 말했습니다. 인간과 그를 둘러싸고 있는 세계와의 사이에 있는 두 종류의 관계를 말합니다. 그 하나는 물질적인 관계성입니다. 여기에서 사람은 중성이 되며 비인간적이 됩니다. 그는 일에 참여하지는 않고 보고만 있을 뿐입니다. 이것을 과학적인 자세라 합니다. 또 다른 하나의 관계성은 개인적인 것 입니다. 한 인간이 될 때 그는 단독자로서 자신에 대해 스스로 결단할 수 있는 관계입니다. 부버(Buber)는 나무를 예로 들어 설명했습니다. 어떤 사람들은 나무를 물질적인 사물로 보아 식물학적으로 설명하기도 하고 화학적으로 설명하기도 합니다. 그러나 또 어떤 사람들은 나무를 자연의 중요한 한 일원으로 봅니다. 나무의 중요성을 재발견하게 되는 것입니다.

한 번은 의학회의에 참석했는데 어떤 정신과 여의사를 만나게 되었습니다. 그는 취리히(Zurich)에서 왔는데 자신의 어렸을 적 얘기를 했습니다. 당시에 자신이 얼마나 외로웠으며 얼마나 고통스러웠는가를 말했습니다. 그의 집 근처에는 한 그루의 나무가 있었는데 여자는 저녁마다 그 나무를 찾아가곤 했답니다. 가서는 자신의 속상한 문제들을 그 나무에게 이야기한 것입니다. 그 때 그 나무가 "나는 이해한다."라고 대답을 했다고 합니다. 이 세상에서 자연보다 더 인간을 이해하는 대상은 없을 것입니다.

세상에는 두 종류의 관계성이 있는데 이들은 서로 상충되지 않습니다. 왜냐하면 양자는 서로 종합적이며 보완적 관계에 있기 때문입니다. 오늘날의 근대 문명에서는 물질적인 관계성이 크게 확대되어 있습니다. 인간은 태어나 요람에 누워있을 때부터, 인간에 대해서가 아니라 먼저 사물에 대해서 가르침을 받기 시작했습니다. 이 지구는 크고 둥근 기계와 같은데 그것이 돌고 있다고 배웠습니다. "닭은 알을 낳고 알은 또 닭을 낳아 돌고 돈다. 아무 의미도 없이 돌아가기만 한다. 가야 할 곳도 지향하는 목표도 없다."라고 가르침을 받습니다. 우리는 이러한 과학적인 세계관의 교육을 초등학교 때부터 철학 박사가 되는 오늘날까지 받아왔습니다. 철학자들은 말로는 참 인간이 되어야 한다고 하지만 실제적으로 그들의 삶에서는 적용되어지지 않는 것을 보게 됩니다. 명제라는 고정 관념에서 더 이상 진전하지를 못합니다.

내 며느리는 화가입니다. 나는 그녀의 그림을 좋아합니다. 그들은 여류화가협회를 만들었는데, 그 이유는 자신들의 권익을 남성 화가들로부터 보호하기 위함이라 하였습니다. 사람들은 여자들의 그림이 남자들의 그림만큼 가치가 있다고 생각하지 않습니다. 그것은 여자들이 쓴 책이 남자들이 쓴 책보다 가치가 떨어지고, 여자들의 철학이 남자들의 철학보다 그 가치가 떨어진다는 것입니다. 그래서 여류 화가협회가 생겼다고 합니다. 그들은 날을 정해 라스미술관(Rath Museum)에서 전시회를 열기로 했습니다. 며느리의 그림 중에 〈나의 초상화〉라는 것이 있는데 그것이 전시 작품으로 선택됐다고 합니다. 물론 저도 가 봐야지요. 여러분도 가 보셨으면 좋았을 것입니다. 그러나 그 전시회는 이미 끝났다고 합니다. 나의 며느리는 웃으며 말했습니다.

"이번에 전시된 작품이 제 것이 아니고 당신 아들의 것이었다면 그렇게 날짜를 잊고 가지 않으셨겠어요?"

화살은 우리 집으로 향했습니다. 며느리가 나와 내 아들 사이의 혈연관계를 들고 나온 것입니다. 그녀 역시 다른 여자들처럼 자신의 몸무게가 남자의 몸무게보다 적게 나간다고 생각하는 여자입니다. 남편들이 보낸 편지를 아내들은 잊지 않고 기억합니다. 그러나 부인이 남편에게 보낸 편지라면 그렇지 못할 것입니다. 분명히 여성은 덜 인정을 받고 있습니다. 그것은 결국 무엇을 의미하는 것입니까? 여성이 그만큼 멸시를 당하고 있다는 사실입니다. 이 말이 너무 지나치다는 생각에서 '얕보다'라는 말로 대신할 수도 있으나, 여자들이 멸시받고 무시당해온 것은 사실입니다. 나 자신조차 여자들의 가치성에 대해 말하면서도 며느리의 전시회 날짜를 잊어버리지 않았습니까?

많은 남성들이 공개적으로 여성을 멸시합니다. 어떤 남자는 많은 여성들이 말을 걸어오는 것에 대해 한 마디도 대답을 하지 않습니다. 만일 그가 같은 남자 친구와 있었다면 그는 친구의 말 한 마디 한마디에 모두 대답을 했을 것입니다. 2주전에 나는, 2년에 한 번씩 개최되는 국제 지식인 회의에 참가했습니다. 각국의 지식인, 아카데미 회원들, 그리고 많은 철학자들이 제네바에서 개최되는 이 모임에 참석하였습니다. 그 주제는 '평등의 요구'였습니다. 사람들은 누구나 평등을 요구합니다. 그리고 평등권에 대해 찬성표를 보냅니다. 그러나 실제에 있어서는 평등한 사회가 이루어지지 않고 있습니다.

우리는 일주일 내내 해박한 지식을 갖고 있는 많은 철학자들과 토론을 벌였지만 '인간의 평등'이라는 목표에는 도달할 수 없었습니다. 소르본느 대학(Sorbonne)에서 온 한 교수는 프랑스인의 좌우명인 '자유, 평등'에 대해서 설명했습니다. 그는 '자유'와 '평등'을 함께 이루기란 불가능하다고 말했습니다. 만일에 자유가 있는 곳이라면 거기에는 평등이 있을 수 없고, 반대로 평등이 있는 곳이라면 자유가 존재할 수 없다는 것입니다. 우리는 이 문제에 대해서 "yes"라는 긍정적인 동의를 표했습니다. 그러나 그렇지 않았습니다.

인간이 평등해야 된다고 해서 우리가 그렇게 하면 거기에는 무서운 재앙이 따르게 됩니다. 만일 우리가 모두 평등하기를 원한다면 그것을 위해서 감내하기 어려운 전체주의에 희생되어야 하기 때문입니다. 그래서 나는 이렇게 말하고 싶습니다. 우리 인간에게 있어서 진정으로 문제가 되는 것은 남으로부터 무시당하는 것을 참지 못한다는 것입니다.

"나를 무시하지 말라."
"나를 인정해 달라."라는 것이 우리 모든 인간이 주장하는 '평등'의 이면에 숨어있는 본 뜻인 것입니다.
"내가 비록 대학에 다니지 않았어도…"
"내가 비록 한낱 노동자에 불과할지라도…"
"내가 비록 흑인일지라도…"
"내가 비록 소수 민족일지라도…"
"내가 비록 여자일지라도…"
"내가 비록 연금을 축내는 늙은이일지라도…"
"내가 비록 어린아이일지라도…"

나를 인정해 주고 사람 취급을 해달라는 요구인 것입니다.
이와 같은 '평등'의 요구는 '인간의 존엄성'과 별로 다를 것이 없습니다. 인간의 존엄성은 한 인간을 인간으로서 대우하고 인정하는 데서 출발합니다. 인간은 누구든지 한 사람의 인간을 귀하게 여겨, 비록 그가 어떤 처지에 있든지, 그 신분이 어떠하며, 그가 어떻게 생겼든지 간에 자신이 인정받고 싶은 만큼 그를 인정해 주는 것으로 평등화를 이루어 나가야 하는 것입니다. 투쟁하고 불평한다고 해서 해결되는 문제가 아니라, 평등의 문제는 인간 대 인간으로서의 대화를 통해서 이루어지는 인류 공유(共有)

의 가치인 것입니다.

　다른 사람들도 마찬가지겠지만, 나도 역시 인간들의 사는 사회에는 사람이 사람으로서의 대우를 제대로 받지 못하는 불평등의 사례가 존재한다는 사실을 인정하지 않을 수 없습니다. 예를 들자면 중세기에 있어서 여성의 지위는 지금보다 훨씬 못했었다고 합니다. 오늘날 여성의 인권을 위해 싸우는 여성 운동가들은 중세기에 여성에게 부여했던 신분상의 모든 불이익에 대해 계속해서 싸워야 한다고 말합니다. 그러나 실제에 있어서는 그렇지 않았습니다.

　《감정의 선물》이라는 나의 책에서는 여성이 이 세상에서 어떻게 살아가야 하며, 그 사명이 무엇인지에 대해서 말했습니다. 프랑스의 역사가인 레이진 퍼나우드(Regine Pernoud)의 말을 인용하여 적어도 중세기에 있어서의 여성의 지위가 내가 어렸을 적보다는 훨씬 높은 것이었다고 했습니다.
　중세기에 있어서는 남자와 여자가 그 지위에 있어서 평등하였습니다. 투표권에 있어서 특히 그랬습니다. 심지어 어떤 여성은 모든 사람들이 다 찬성하는 사안에 대해서도 자신의 명예를 지키기 위해서 반대표를 던지기까지 했습니다. 여성은 교육에 있어서도 남성 못지않았습니다. 중세에는 일정한 소수 인원만이 교육을 받을 수 있었고, 그 중에는 수도승들이 포함되어 있었는데, 여자 수도승의 수가 남자 수도승의 수보다 월등하게 많았습니다. 또한 수녀도 수도승 못지않게 교육을 잘 받았습니다. 그리스어도 배우고 히브리어도 배웠습니다. 시인, 작가, 그리고 정치가도 나왔습니다. 아큐테인의 엘레노아(Eleanor of Aquitaine)는 영국 여왕으로, 오늘날의 그 어느 누구보다도 강력한 정치적 권력을 누렸습니다. 폰떼브로(Fontevrautt)란 수도원에는 남녀 수도승들이 함께 수도를 하고 있었습니다. 이곳은 여사제에 의해서 운영되었고, 그녀는 25세에 여자 대수도승으로 진급하였습니다. 이곳은 정치 권력의 핵심적 인물이었던 왕과 여왕들이 권력에서 물러나면 오는 곳으로, 그들 동료들 중에서 왕좌에 오른 사람도 있습니다. 그들은 그들 나름대로의 특수한 가치에 기본을 둔 새로운 문명을 창조하였습니다.

오늘날 우리의 가치는 권력이라든지, 과학이라든지, 물질이라든지 하는 것들입니다. 19세기 사람들은 과학의 발전이 우리 인류에게 위대한 우주적 진리를 가져다주고 평화를 이룩해 주리라 상상하였습니다. 그러나 20세기에 들어서 무한한 과학의 발전을 이루기는 했지만, 동시에 우리 기대와는 다른 비극으로 가고 있습니다.

문명은 그 방향을 잃고 있습니다. 하나님을 상실함으로써 인간 스스로가 삶의 의미를 저버린 것입니다. 인간은 이제 이 가치의 세계를 회복해야 할 것입니다. 교회 안에서는 물론이거니와 교회 밖에서도 그 가치를 다시 찾아야 할 것입니다. 더욱 경계해야 할 일은 오히려 교회가 외부 세계보다 더 퇴보의 길을 걷고 있다는 것입니다. 신학은 하나의 추상적인 이론이 되었습니다. 교회의 목사가 되기 위해서 우리가 선천적으로 받은 선물인 인간관계의 우수성은 이제 더 이상 필수적인 요건이 되지 못합니다. 목사가 되기 위해 필요한 것은 학위입니다. 성서 해석학과 같은 과학적인 수학 능력이 얼마나 되느냐는 것입니다. 인간관계라는 것은 작은 교회와 작은 집단에서 이루어지는 것일 뿐입니다. 큰 교회에서는 이루어질 수 없습니다.

나는 어느 부활절을 제네바에 있는 성 저바이스 교회(St. Gervais)에서 보냈습니다. 그 교회는 목사님의 설교가 끝나고 잠시 휴식을 갖습니다. 성만찬에 참석하기를 원하지 않는 사람은 그대로 가도록 시간을 주는 것입니다. 나는 그 교회 스타일에 대해서 알고 있었지만, 내 왼쪽에 있는 사람은 전혀 모르는 것 같아, 다가가서 나 자신을 소개해야겠다는 생각이 들었습니다. 내 마음은 마구 방망이질을 하며 뛰었습니다. "정말 말을 걸어야 할 것인가?" 나는 일종의 혼란을 겪었습니다. 비로소 나는 고개를 돌리고 그에게 다가가 "저는 투르니에 박사입니다"라고 말했습니다. 그는 바우드 지역(Canton of Vaud)에서 온 농부였습니다. 성만찬식을 마치고 내가 교회 밖으로 나갔을 때에, 그는 내게 다가와서 악수를 하며 "당신이 이 제네바에서 자신을 소개한 최초의 사람이었습니다."라고 말했습니다.

내가 참으로 많은 영향을 받은 책 중에 하나는 프랑코이스 돌토(Francoise Dolto)의 것이었습니다. 프랑스의 라디오 방송으로 인해 널리 알려진 사람이었습니다. 나는 그 부인을 직접 만나지는 못했지만 그의 남편과는 잘 아는 사이였습니다. 그도 역시 의사인데 나에게 옷 입는데 신경을 쓰라며 여러 개의 넥타이를 선물한 적이 있었습니다. 그 부인은 정신분석학자의 안목으로 본 복음에 대해서 아주 좋은 책을 썼습니다. 그분이 이해한 예수님(Jesus)은 우리가 이해한 예수님과는 아주 달랐습니다. 왜냐하면 그분은 여자였기 때문입니다. 내가 이 책을 읽은 후에 깨달은 것은 우리의 신학이 완전히 남자에 대한 연구라는 것입니다.

돌토(Dolto) 여사는 예수님께서 여자의 말을 들으셨다고 우리에게 지적했습니다. 남편들이 여자에게 무엇인가를 알아내려고 계속적으로 말을 종용하는 것과는 다른 것입니다. 예수님이 자신의 설교를 시작할 때가 되었는지에 대해 가나의 잔치 집에서 물으신 대상은 바로 그의 어머니였습니다. 또한 예수님에게 이제 예루살렘에 가서 십자가에 달리실 때가 되었다고 예시한 사람이 바로 베다니(Bethany)의 마리아였습니다.

오늘날 우리의 문명이 병든 것은 여성의 가치를 억압해 왔기 때문입니다. 남성들은 아직도 깨닫지 못하고 있지만 여성의 가치를 제한하고 무시한 것으로 인해 남성 자신이 고통을 받고 있습니다. 그러므로 나는 이 자리에서 여자 분들에게 말합니다. 여러분은 여성이 되십시오. 남자처럼 되려고 하지 말고 여자가 되십시오. 남자가 이 세상에 제공하지 못하는 것들을 여러분들이 하십시오.

7

고난의 신비
―몬트리올 연설에서―

이곳 몬트리올에서 강연해 달라는 제의를 받고 나는 즉석에서 수락하였습니다. 그것은 이번 모임이 개신교와 천주교가 공동으로 개최하는 강연회이기 때문이었습니다. 기독교인들이 함께 모여 공동 문제의 해결방안을 모색하는 것은 참으로 바람직한 일입니다. 이러한 취지에서 신·구교가 공통적으로 해결해야 할 문제가 있다면, 그것은 인간의 고통에 관한 문제일 것입니다. 물론 이는 모든 인간의 문제이기도 합니다만….

몇 달 전, 제네바 근처에 있는 나의 고향 트로이네(Troinex)에서 이와 비슷한 모임을 가졌습니다. 그곳은 프랑스와 국경을 접하고 있는 시골 마을입니다. 거기에는 세 종류의 교회가 있습니다. 개신교, 천주교 그리고 아르메니안 정교회입니다. 세 교회가 모여서 인간 고통의 문제를 함께 다루어 보기로 했습니다. 주 강사는 천주교인으로서, 사회에 널리 알려진 수잔 훠쉬(Suzanne Fouche)였습니다. 나보다는 훨씬 더 많은 고난의 생을 살았으므로, 그녀가 말하는 것이 당연한 일이었습니다. 고통을 당하지 않고 사는 사람은 없겠지만, 진정으로 고통에 대해서 말할 자격이 있는 사람은 그 만큼의 고통을 아는 사람이라야 하기 때문입니다.

수잔 훠쉬는 《고난은 인생의 학교이다(Suffering, a School of Life)》라는 책을 썼습니다. 자신의 고통에 관한 내용의 책이었습니다. 그녀는 처음에 의사가 되겠다는 생각을 했다고 합니다. 그러나 16세의 나이에 척추결핵을 앓게 되어, 병상에서 20년이라는 세월을 보내야만 했습니다. 공부는 중단되었고, 홀로 무기력하게 병과 투쟁해야 했습니다. 무서운 고통의 삶이었지만, 그녀는 담담했고 인생이 쉽게 허물어졌어도 좀처럼 물러서지 않았습니다. 오히려 그녀는 가장 효율적인 인생을 살았다고 볼 수 있습니다. 그녀는 버크-슈르-메어(Berk-Sur-Mer) 요양소에 있을 때 그곳 사람들이 무지한 게으름 속에 빠져있음을 보게 되었습니다. 그것은 그들의 병상 생활에 많은 부정적인 영향을 끼쳤습니다.

그래서 그녀는 사람들이 보다 활동적인 자세를 갖도록 노력했습니다. 〈할 수 있는 일은 우리가 하자〉라는 모토를 내세우고 환자들의 참여를 독려하였습니다. 이것이 수잔 훠쉬 연맹(Suzanne Fouche League)의 시작이었습니다. 지금은 전 프랑스를 망라하여 30여 가정이 참여하는 단체로 발전하였습니다. 정신적으로 혹은 육체적으로 장애자가 된 이들이 재활하기 위해서 훈련받는 단체입니다. 그녀의 지도 원리는, 인간이 아무리 정신적으로 박약하고 육체적인 장애 요소가 있더라도, 반드시 교육을 시켜서 사회로 복귀하여 사회의 한 일원으로 살아가게 해야 한다는 것입니다. 즉 자신의 장애로 생겨난 열등의식을 극복하고 정상적인 생활인으로 돌아가야 한다는 것입니다.

우리는 그녀의 자선사업과 내적인 진실에 대해서 이야기를 들었습니다. 그것은 자신의 운명에 대한 끊임없는 도전과 그 결과로 오는 혁명의 삶이었습니다. 수많은 위기와 역경 속에서, 모든 계획과 노력은 좌절을 겪어야만 했습니다. 그러나 예수 그리스도에 대한 신앙과 헌신으로 긍정적인 삶(the experience of acceptance)을 경험할 수 있었습니다. 비록 어려서의 꿈이었던 의사는 되지 못했지만, 그녀는 의사 이상의 역할을 하고 있습니다. 얼마 전에도, 나는 그녀와 함께 일하고 있는 수십 명의 의사들에게 강연한 적이 있었습니다. 프랑스 전역에 그녀를 따르는 많은 의사들이 있습니다.

내가 처음으로 수잔 훠쉬 여사를 만난 것은 들로드 교수(Professor Delord)가 주선한 가톨릭 의사들의 모임에서였습니다. 그는 리용(Lyon)의 안네시(Annecy) 예슈잇 하우스(Jesuit house)에 속해 있는 의사였는데, 그녀가 온다기에 나는 그녀를 만나러 갔습니다.

얼마나 그녀를 만나고 싶어 했는지에 대해 말했더니, 그녀 역시 폴 투르니에 박사가 이곳에 온다는 말을 듣고 오게 되었다며 한바탕 웃었습니다. 그 후 우리는 가까운 친구가 되었습니다. 지난 25년 동안, 내가 의사들의 모임을 준비하게 되면 그녀는 우리와 함께 협력 해주었습니다.

2차 대전이 끝나고 얼마 후에, 나는 아내와 함께 독일에 갔었습니다. 대전 후에 군인이 아닌 민간인으로 독일에 들어간 것은 아마도 우리가 처음이었을 것입니다. 전 국토가 가는 곳곳마다 황폐화 되어 있었습니다. 1946년, 독일의 모습은 모든 것이 파괴되어 어느 곳 하나 성한 데가 없는 상태였습니다. 전쟁 당시, 나치 치하에 들어간 독일에서는 의사들로 하여금 인간을 치료하는 것이 아니라, 연구대상으로 사용하여 결국은 죽음으로 가게 하는 일을 하도록 했습니다.

우리는 독일에서 뿐만 아니라, 세계적으로도 널리 알려진 몇몇 유명한 의사들을 만났습니다. 자신들이 한 일에 대해서 말해 주었는데, 그들의 의학과 의료 행위는 단순히 기술적인 것들뿐이었습니다. 과학적 원리와 학설에 따라 인간을 생체로 실험하였습니다.

2차 대전 당시의 독일 의학은 과학적인 사건 이상의 가치는 없었습니다. 인간의 영적인 부분을 완전히 배제한 의학이었습니다. 국가 권력의 막대한 힘 앞에서 의사들은 무기력한 꼭두각시에 불과했습니다. 독일 정부는 의사들의 양심을 마비시켰습니다. 한 국가가 존립하기 위해서는 법이 필요하듯이 인간을 해부하고 이용하기 위해서는 의학법이 필요했습니다. 그러나 의학계 나름대로의 정신적인 가치관을 갖지 못하도록 그들은 막강한 국가의 권력을 앞세워 의사들을 무릎 꿇렸습니다.

원래 의학은, 종교적인 사제의 신비한 직무에 해당하는 존경받는 분야였습니다. 그러나 오늘날에 와서 과학의 발달로, 의학도 과학적으로 변화하게 되었습니다. 그래서 의학은 중립적인 노선을 걸어왔습니다. 의사들은 다음과 같이 지적했습니다. "우리는 종교와 아무런 관계가 없다. 우리는 다만 우리의 의무만을 다할 뿐이다." "의학은 과학이지 인간의 도덕적 가치와는 아무런 관계가 없다." 과거 나치 치하의 의사들은 중립주의 의학에 근거를 두어 지극히 위험한 결과를 초래하였습니다. 중립주의 입장에 서 있는 의학은 정치적인 압력이나 사회적인 압력에 굴복할 수밖에 없었습니다.

독일의 루터교회에서는 의학의 새로운 방향을 제시하기 위해 기독교 복음의 정신을 기본으로 하여 모든 의료 강령을 새롭게 고쳤습니다. 국제적으로도 이러한 모임들이 호응을 받았습니다. 각기 다른 종교에서 혹은 전문가들 사이에서 건전하고 새로운 운동이 전개되었습니다. 세계기독교회협의회(WCC)가 암스테르담에서 창설되기 전에, 그리고 희랍정교회가 평신도 운동(the ecumenical movement)에 가입하기 훨씬 이전에 의학개혁운동이 이미 시작되었습니다.

의학의 근원이 무엇인가에 대해서 재발견하려는 노력은, 의학의 존재 이유가 인간 중심으로부터 시작해야 한다는 사실에 근거를 두고 있습니다. 의학을 과학의 한 분야로 규정하고 연구한다면, 의학에서 다루는 인간은 그 구성 요소가 무엇인가로부터 출발하게 될 것입니다. 그것은 전적으로 분석학에 의해서 이루어지는 것으로, 인간의 요소를 자꾸 분리하여 가장 작은 입자로까지 만들어 놓습니다. 인체의 일부를 가장 작은 입자로 분석하면 할수록 명확히 볼 수 있기 때문입니다. 분석의 결과로 우리는 인간 내부에 존재하는 간(肝)이 어떤 것이며, 또한 콩팥이 어떤 역할을 하는지를 말할 수 있습니다. 간의 기능을 16가지로 분석해 놓을 수 있고, 류머티즘(rheumatism)의 종류는 32가지가 있다는 사실도 분석할 수 있습니다.

그러나 이런 분석만으로는 전체적인 인간을 알 수 없습니다. 인간의 병이 생기는 이유에 대해서도 그 인식을 상실하고 맙니다. 과학은 결코 전체적인 의미를 제공해 주지 못합니다. 우리가 어떤 의학 교과서를 봄으로써 모든 질병에 대한 원인을 설명할 수 있다 하더라도, 그 질병이 무엇인지에 대해서는 알 수가 없습니다. 인간의 각종 부위와 기관들에 대해서는 자세히 설명을 해 놓았지만, 인간 자체가 무엇이라는 것에 대해서는 설명해 놓지 않았기 때문입니다. 인간 전체와 관련된 것은 과학의 영역 밖에 있는 것입니다.

그러므로 우리가 인간 존재의 본성에 도달하려면, 인간의 생명은 무엇이며, 인간의 질병은 무엇이고, 인간의 치유는 무엇인지에 대해서 과학적인 모든 지식과 이해를 종합해야 할 것입니다. 과학적인 구조에 의해서가 아니라 영적인 구조에 의해서 인간을 조명해야 합니다. 기술적이고 분석적인 모든 방법도 하나로 통합해서 적용해야 할 것입니다.

과학적인 방법에 대해 부정하는 사람들을 옹호하는 것이 아닙니다. 나를 오해하지 마십시오. 그러나 가장 위대한 과학자일수록 과학의 한계성에 대해서 잘 알고 있습니다. 의사가 되는 길은 두 가지 측면에서 볼 수 있습니다. 하나는 과학적인 능력을 소유해야 하는 것이고, 또 하나는 위대한 마음을 가지고 있어야 하는 것입니다. 우리가 아무리 과학적인 능력을 증진시키기 위해서 많은 훈련을 쌓는다 하더라도 인간의 위대한 마음을 갖추는 것은 그리 쉬운 일이 아닙니다. 환자와 올바른 관계를 맺기 위해서는 그의 마음을 열 수 있어야 하고, 그러기 위해서는 친구가 되어야 합니다. 그런 능력은 과학적인 것과는 아무 상관이 없습니다. 완전히 다른 능력으로부터 온다고 볼 수 있습니다.

과거 35년여에 걸쳐 이러한 연구가 계속되어 왔습니다. 의학의 기독교적 역할이라는 명제로, 미국을 비롯하여 유럽, 아시아 등 여러 나라에서 연구되어졌고 의학도들의 모임도 갖고 있습니다.

그러나 나는 이를 "기독교적 의학"이라고 호칭하는 것에 반대합니다. 이 세상에는 하나의 의학만이 존재할 뿐이기 때문입니다. 그것은 곧 인간을 질병으로부터 해방시키고 회복시키는 일입니다. 다만 기독교는, 인간이 무엇이고, 인간의 고통은 무엇이며, 인간의 질병은 무엇인가를 이해하는 데 있어서 의사에게 도움을 주는 것뿐입니다.

에큐메니칼 운동(ecumenical movement, 평신도 연합운동)이 일어나기 이전에, 종교간 혹은 종파간에 이와 같은 공동협력운동을 일으킨 점에 대해서 자랑스럽게 생각합니다. 나는 전통적인 개신교의 신앙을 가진 의사입니다. 나의 최초 저서인《인격 의학》이 로마의 젊은 가톨릭 교수에 의해 이태리어로 번역되었고, 가톨릭 출판사의 이름으로 출판되었습니다. 그는 후에 이태리 가톨릭 의사협회의 회장이 되었습니다. 또한 나는《성경과 의학》이라는 책을 썼습니다. 이것 역시 유명한 의사에 의해 스페인어로 번역되었습니다. 가톨릭 국가인 스페인에서 개신교 기독교인이 쓴 책을 출판한다는 것은 그리 흔한 일이 아니었습니다. 가톨릭교회의 공식적인 허락(visa, mihil obstat)을 받아야만 했고, 시간도 오래 걸리는 일이었습니다. 그러나 이 책이 스페인어로 출판되도록 가톨릭교회가 승낙해준 데 대해 더 없이 감사하고 있습니다. 어떤 의미에서 보면, 한 의사가 교파 사이에 막혀있던 갈등의 장벽을 넘어서 변화시킬 수 있다는 가능성을 입증한 것입니다. 교파뿐만 아니라, 각 종교 간의 문제도 해결의 가능성을 가질 수 있는 것입니다. 나는 다양한 교파의 사람들을 만나 보았습니다. 이슬람교, 유대교 사람들 등. 인간의 영적인 삶을 중요시한다면 교파와 종교가 다르다는 것은 문제되지 않습니다.

의사는 말이 많고 논쟁 벌이기를 좋아합니다. 질병에 대해서, 성경에 대해서 그리고 인간의 고난에 대해서…. 토론이나 상식적인 의견 교환에만 그칠 것이 아니라, 반드시 인격적인 인간으로서 문제를 함께 나누는 시간을 가져야 합니다. 그래서 오늘 저녁에는, 우리 의사들이 자신의 인생과 생활에 대해서 교제를 나누는 시간을 가졌으면 합니다. 특히 자신이 환자가 되어 병석에서 치료받던 경험들을 서로 나누었으면 합니다. 병에 걸렸을 때 자신을 치유했던 의사들의 반응에 대해 나누는 것도 참으로 재미있고 유익한 일이라 생각합니다. 환자였던 자신의 병상 생활은 각기 다양할 것입니다. 인간이 병으로 고통당하는 모습은 환자일 때나 의사일 때나 동일하다는 데 놀랄 것입니다. 환자가 되었을 때 의사들은 아픈 고통을 경험하고 절실함을 느끼지만, 기억은 오래 가지 않습니다. 오늘 다시 의사들이 환자였을 때의 경험을 들으면, 그들이 보통 환자와 조금도 다를 바 없다는 사실을 알게 될 것입니다.

여러분은 나에게 기독교인들의, 고통에 대한 생각을 말해 달라고 했습니다. 사람들은 이에 대해서 세 가지 관점을 가지고 있다고 생각합니다.

첫 번째는 자신의 고통에 대해서 기독교인들은 어떻게 생각하는가, 두 번째는 다른 사람에게 닥치는 고통에 대해서 기독교인들은 어떻게 생각하는가, 마지막 세 번째는 고통의 문제에 대한 기독교인의 자세가 어떠한가 하는 것입니다.

고통의 문제는 악(惡)의 문제와 함께 철학자들이 오랫동안 해결하려던 과제였습니다. 이에 대한 적절한 해결책을 인류에게 제시한 철학자도, 성인도 없었습니다. 악(惡)의 문제는 역대 철학가들이 논의의 중심으로 다루어 왔지만, 특별한 방향제시나 결론을 내리지 못했습니다. 다만 그리스 사람들이 이에 대한 이성적인 해결안을 제시했을 뿐입니다. 그들은 분명 이것이 완벽하게 적용되는 해결책이라 주장했습니다. 그러나 예수 그리스도의 출현으로 인해 인간 고통의 문제는 결단코 추상적인 언어로 규정지을 수 없게 되었습니다. 이론적으로도, 철학적으로도 해결할 수 있는 문제가 아니었습니다.

예수 그리스도는 단지 사람들을 만나 이야기하고, 아픈 사람을 위해 기도했습니다. 그는 스스로 고통당하며 살았습니다. 추상화된 세상에 태어나서 세상의 지식으로 가르침을 받도록 강요되었기 때문에 고통을 당하였던 것입니다. 사람들의 지식은 현실성이 전혀 없었고, 예수 그리스도의 메시지는 전적으로 구체성을 띤 실현 가능한 것들이었습니다. 그의 답변과 해결책은 추상적이 아니라, 실제적인 관심과 실천적 상황이었습니다. 어느 때는 환자들과, 어느 때는 건강한 이들과 접하면서 자신의 경험을 말해 주었습니다. 자연과 세상에 대한 것들 현실을 통해 가르쳤으며 사물에 대한 비유를 통해서 가르치기도 했습니다. 인간의 지식을 통해 가르치려 하지 않고 인간 문제의 실제적인 현실을 통해서, 경험하게 하였던 것입니다.

성경을 보면, 이 세상에 존재하는 고난과 악에 대하여 잘 나타나 알 수 있습니다. 성경은 이 세상을 실패한 것으로 보며 그 본래의 완전성을 상실했다고 가르칩니다. 창세기에서 하나님은 완전한 세상을 창조하셨지만, 이것이 파괴되어 질병과 고난, 죽음이 생기게 되었다고 했습니다. 이에 근거하여 사도 바울은 로마서에서 "죄로 말미암아 죽음이 세상에 들어왔다"고 했습니다. 인간의 불복종과 고난을 연계시켰습니다. 창세기에서는 하나님께서 남자에게 "네가 얼굴에 땀이 흘려야 식물을 먹을 것이다"라고 했습니다. 여자에게는 "네가 수고하여 자식을 낳을 것이다"라고 했습니다. 하나님은 인간의 불복종에 대해 그 책임을 물으신 것입니다. 어떤 친구는 내게 "지금은 의술의 발달로 고통 없이 아기를 낳을 수 있으니 이것이 하나님의 뜻을 거스르는 것이 아닌가?"라고 했습니다.

의사이며 변호사인 보르도우의 엘룰 교수(Professor Jacques Ellul of Bordeaux)는, 하나님의 진정한 의도는 인간에게 벌을 내리는 것이 아니라고 했습니다. 다만 하나님의 목적은 우리 인간에게 무엇이 잘못되었는지를 알게 하시는 데 있다고 했습니다. 인간은 자신의 날개를 펴서 자신의 뜻대로 날기를 원합니다. 그러나 그 결과가 어떻게 되는지는 너무도 자명한 일입니다. 인간이 선과 악을 구별하는 지식을 가졌을 때는, 이미 인간의 생애를 인도하시는 하나님의 존재를 생각하지 않습니다. 창세기를 비롯해서 성경 전체에 흐르고 있는 하나님의 뜻은, 인간이 하나님의 간섭 없이 살아서는 안 된다는 것입니다. 자신의 의지로 삶을 영위하려 한다면 많은 고통을 당한다는 것입니다. 이는 우리에게 경고하거나 위협하기 위한 말씀이 아닙니다.

성경에 있는 계시록 부분을 보면, 인간의 고난은 하나님께 복종하느냐 불복종하느냐에 달려있다고 했습니다. 선지자들 또한 인간의 고난이 불복종에 대한 책임이라고 말했습니다. 결과적으로 하나님께 불복종할 때에 질병이 오고, 복종할 때에 축복이 임한다는 사실입니다.

욥은 하나님에 대해 잘못을 범한 일이 없었는데, 온갖 고난이 닥쳐왔고 그로 인해 모든 것을 잃게 되었습니다. 아내는 떠나고 자녀들은 죽었으며, 모든 재산은 다 날아갔습니다. 친구가 있었지만, 위로한다고 하면서 오히려 욥의 불행이 그의 죄 때문이라고 정죄하므로 더욱 그를 아프게 했습니다. 욥은 이에 대해 "그것은 사실이 아니다"라고 열심히 항의했습니다. 욥기는 우리에게 영원한 인류의 문제, 즉 인간의 고난은 죄에 대한 벌로 내려지느냐 하는 것을 다루고 있습니다. 그러한 문제는 욥기뿐만 아니라 예레미야나 이사야 선지자에게서도 찾아볼 수 있습니다.

예수님이 이 땅에 오셨을 때, 제자들은 태어나면서부터 보지 못하는 맹인을 데리고 와서는 누구의 죄 때문이냐고 물었습니다. "그의 죄입니까, 아니면 그 부모의 죄입니까?" 예수님의 답변은 완전히 달랐습니다. "그것은 그 맹인의 죄도 아니고, 그 부모의 죄도 아니다"라고 말씀하셨습니다. 이 말씀에 의해 고통의 문제는 전환점을 맞게 되었습니다. 예수님은 실패한 상태의 인간이 고통당하고 있음을 말씀하셨습니다. 또한 예수님은 자신이 고통으로부터 인간을 구원하기 위해서 오셨다고 했습니다. 동시에 인간의 고난이 스스로의 죄나 어느 집단의 죄 때문은 아니라는 사실을 분명히 했습니다.

성경에서는, 인간의 실패(불복종)로 인해 이 세상에 고난이 들어왔다는 사실을 인정하면서도, 고통을 당하는 사람이 당하지 않는 사람보다 죄가 많은 것은 아니라는 점을 분명히 했습니다. 그러므로 죄가 없다고 하는 사람들에게 "바리새인들아, 너희는 모두 다 죄인이다. 그 맹인이 죄인인 것처럼 말이다."라고 말씀하셨습니다.

사람들은 자신의 건강을 병자나 장애인들에 대한 우월성으로 착각하기 쉽습니다. 그것은 또한, 도덕적인 우월성이 되어 자만에 빠지게 합니다. 그러나 예수님은 "하나님은 결코 병으로 징벌하시는 분이 아니시다. 구원하시는 하나님이다."라고 선포하셨습니다. 하나님은 하늘에서 내려다보시며 인간의 고통에 대하여 말씀하셨습니다. 구약성경은 인간의 죄 때문에 고통당하시는 하나님을 증언하는 책입니다. 예수님은 여기서 한 걸음 더 나아가셨습니다.

여러분은 아십니까? 기독교는 오직 고통당하시는 하나님에 대한 종교라는 사실을…. 모든 종교가 가장 완전하고, 고귀하며, 영광스러운 신(神)의 초상을 목표로 하고 있습니다. 그러나 기독교는 놀랍게도 고통당하는 하나님을 등장시켜서, 친히 한 사람 한 사람의 병실을 지키시며, 함께 고통을 당하는 분으로 나타냅니다. 이것이 인간에 대한 기독교의 메시지입니다. 하나님은 우리의 고통 때문에 아파하십니다. 우리의 고통으로 인해 그분이 고통당하시는 것입니다. 어떤 사람은 이렇게 말합니다. "이 세상에 일어나는 온갖 비참한 일 때문에 나는 하나님을 믿을 수 없다. 하나님이 계시다면 어떻게 이런 일들이 있을 수 있단 말인가?"

그러나 그런 사람은 비참한 현실 자체가 하나님이심을 모르는 사람입니다. 하나님은 이 세상의 모든 악과 인간의 고통 때문에 아파하십니다. 예수님께서는 다른 사람의 고통 때문에 고통당하시기도 하지만, 또한 자신 때문에도 고통을 당하셨습니다. 예수님은 지지 않아도 될 십자가를 스스로 지셨습니다. 이는 인간의 죄와 고난이 연계되어 있지 않다는 사실을 알려 주기 위함이었습니다.

복음은 인간의 고통 문제를 완전히 변화시켜 놓았습니다. 고대에는 고난을 피할 수 없는 운명적인 것으로 받아들여 방관하거나 무시해 버리는 경향이 많았습니다. 이러한 고난은, 그 고난당하는 사람이 다시 하나님의 사랑을 받으면 없어지게 됩니다.

과거에 입으로는 찬양을 부르며 사자의 먹이가 되었던 순교자들에 대해서도 생각해 볼 필요가 있습니다. 인간의 고난은, 그 의미에 있어서 역사적으로 큰 변화를 가져왔습니다. 교회가 고난의 문제를 다룰 때에는 인간의 완전성과 연관해서 다루지 않도록 각별히 주의해야 합니다. 교황 피우스 2세(Pope Pius II)의 말을 인용하면, "고난의 문제를 결론 내리려 해서는 안 됩니다. 인간 고난의 문제는 다만 하나님의 손안에서만 의미가 있는 것입니다."라고 했습니다.

어떤 사람은 고통을 부인하고, 인간에 존재하는 악의 요소 자체를 부인함으로 자신의 고난 문제를 해결하려는 경향이 있습니다. 고통 중에 있는 것이 확실한데도, "나는 고통스럽지 않다."라고 말하는 것은 진실하지 못한 거짓입니다. 그것이 진정한 신앙의 자세에서 나왔다 할지라도 성경적인 해결 방법은 되지 못합니다. 성경은 인간의 고난을 진실 되게 수용하고 있습니다. 단적으로 말해서, "성경은 고난의 책"이라 말할 수 있습니다.

어떤 기독교인들은 성령에 의해서 병이 치유된다고 주장합니다. 그들도 역시 믿음을 강조하고 있습니다. 그러나 복음에 대해서 소홀히 하게 되거나, 특히 십자가의 의미를 약화시키는 소지가 될 수 있는 것입니다. 많은 수의 환자들이 치유의 신앙을 갖고 있는 것을 알 수 있습니다. 그것은 좋은 모습이지만, 동시에 해로울 수도 있습니다. 만일 성령의 능력으로 치유가 된다고 믿고 있던 사람이, 믿음으로 자신의 질병이 치유되기를 바랐으나 고쳐지지 않았다면, 그는 자신이 구원받을 가치가 없는 사람이며 하나님께서 고쳐주지 않았다고 생각하게 될 것입니다. 이것은 다시 죄의 문제로 돌아가게 해서 인간을 완전히 좌절에 빠지게 하는 것입니다. 신앙을 잃는 것은 물론이며, 믿음 자체를 떠나게 됩니다. 하나님의 저주로 병이 낫지 않는다고 생각합니다. 이것이 바로, 의사가 얼마나 조심스럽게 환자에게 접근해야 하는가를 가르쳐 주는 이유입니다. 환자는 자신의 질병에 대해 부끄럽게 생각하게 되고 친구나 가족, 심지어는 의사까지도 피하려 합니다. 자신은 아무 쓸모없는 사람이라고 생각하기 때문입니다. 그러므로 의사는 어떤 경우에 있어서도 정당하지 못한 신앙의 자세를 부추겨 하나님의 치유의 능력을 과신하지 않도록 주의해야 합니다.

"고난의 문제에 대한 기독교인들의 자세"라는 첫 번째 주제의 결론은 무엇보다도 기독교인들이 '겸손'해야 한다는 것입니다.

인간에게는 고난에 대한 해답이 없다는 사실을 겸손히 받아들여야 합니다. 모슬렘의 지도자인 카린 아가 카안(Kharin Aga Khan)은, 만일 자신에게 고난이 닥쳐온다면 어떻게 하겠느냐는 질문을 하는 기자에게 "나라면 그런 질문을 하지 않을 것입니다." 라고 대답했습니다. 이것은 우리에게 많은 교훈을 주는 말입니다. 그리고 이는 성경적인 안목에서도 확실히 올바른 태도라고 생각합니다. 하나님은 신비에 싸여 있는 분입니다. 하나님은 우리가 침범할 수 없는 비밀의 영역에 계신 분입니다. 우리는 침묵해야 합니다. 고통의 문제에 대해서 나는 정말로 할 말이 없습니다. 그러나 여러분들은, 내가 이 문제에 대해 강의하기를 원해 이곳으로 초청한 것입니다. 나는 고난의 문제에 관한 한, 우리에게는 그 어떤 해결책도 있지 않다는 사실밖에 말할 것이 없습니다. 이는 하나님의 신비에 속한 사실들이기 때문에 우리는 결단코 그의 영역에 침범해서는 안 되는 것입니다. 오직 우리는 그 분의 신비한 사실들 앞에서 머리를 숙일 뿐입니다.

알버트 슈바이처(Albert Schweitzer)는, "이 세상은 설명할 수 없는 많은 일들로 가득 차 있다. 그리고 수많은 고통으로 가득 차 있다."라고 말했습니다. 의사이면서 기독교인이었던 그는 인간의 고난이 얼마나 어려운 문제인지에 대해 깊이 깨달은 사람이었습니다. 그도 역시 구원받기를 원했고, 이를 위해 자신을 주님께 바쳤습니다. 결국에 그는 하나님의 신비성을 깨닫고 고난을 겸손히 받아들였습니다.

"다른 사람의 고통에 대한 기독교인의 자세"라는 두 번째 주제의 결론은 '동정심'입니다.

상처받은 자, 약한 자, 그리고 버려진 모든 사람들은 거부당할 수밖에 없는 존재들이었습니다. 그러나 예수님은 자신의 가르침과 삶 속에서 이들에 대하여 특별한 관심을 기울이셨습니다. 이는 과거의 가치관과는 완전히 반대되는 개념이었습니다. 비기독교 국가에서도 이러한 가치관의 변화가 일어났습니다. 그러므로 힘없고, 병들고, 약한 자들이 이제는 주역의 자리에 있게 되었으며 자신감을 가지고 살게 되었습니다.

다른 사람의 고통에 함께 참여하는 기독교인들은 하나님에 의해 부르심을 받은 소명자들입니다. 결단을 통하여 고통당하는 이들을 구하려 그들에게로 갑니다. 성경에 나오는 선한 사마리아 사람이나 선한 목자의 비유에 나오는 주인공들은 모두 오늘날의 의사들에게 지대한 영향을 미치는 사람들입니다. 그들에게서 의사들은 다른 사람을 도우라는 하나님의 음성을 듣게 됩니다. 그들은 자신들의 할 일이 무엇인가를 깨달았고 비로소 진정한 하나님의 동역자가 되었습니다.

고통이라는 것은 막대한 힘을 갖고 다가오지만, 우리는 그것이 어디로부터 오는지를 전혀 알지 못합니다. 그러나 하나님은 이에 대해 결코 무관심하시지 않습니다. 더 나아가 그의 사자를 보내어 우리를 고통에서 구하려 하십니다. 고통의 모습으로 오셔서 우리가 당하는 고통을 함께 하시며, 가장 극심한 고통을 변화시켜 가장 큰 열매를 거두게 하십니다.

다시 수잔 휘쉬(Suzanne Fouche)의 이야기로 돌아갈까 합니다. 그녀는 장애자를 위한 사역을 하면서 많은 결실을 거두었습니다. 남의 고통을 자신의 것으로 받아들이는 기독교인의 자세를 가지고 있었기 때문입니다.

우리는 이러한 동정심을 이 시대에 널리 확대시켜 나가야 합니다. 특별히 기독교인들은 고통을 피하려다 스스로 무관심과 냉소주의에 빠져 버리고 맙니다. 오늘날, 우리에게 파국이 닥쳐오고 있습니다. 이 세상에 고통이 존재하는 한 우리는 세상 근심과 걱정에서 자유로울 수 없고, 행복해질 수도 없습니다. 성경은 우리에게, 이 세상에는 언제나 가난한 자들과 고통당하는 자들이 존재한다고 말씀하고 있습니다. 그러나 또한 십자가의 도를 통하여 자신의 실패와 고통을 받아들이게 합니다.

키르케고르는 세계 사상가들 중에서 가장 위대한 기독교 사상가입니다. 그는 마지막 병상에서 "나의 생애는 고통의 연속이었다. 다른 사람은 이 고통에 대해서 전혀 모른다. 그리고 이해할 수도 없다."라고 말했습니다. 그는 특히, 고통은 서로 나누어 가질 수 있는 성질의 것이 아니라고 강조했습니다. 우리는 다른 사람의 고통이 얼마나 큰 가에 대해서 알 수 없습니다. 다만 추측할 뿐입니다. 우리가 흔히 사용하는 "당신이 어떻게 느끼는지 나는 압니다."라고 하는 말은 건방진 위선에 불과합니다. 고통당하고 있는 사람은 자신의 고통을 다른 사람에게 말한다는 것이 무척이나 어렵고, 또한 자신이 고통당하는 사람의 편에 설 수 있다고 하는 것이 얼마나 불가능한 일인지를 알게 됩니다.

한 과부가 나를 찾아온 적이 있습니다. 그녀는 위로조차 받을 수 없는 사람이었습니다. 나는 그녀에게 "나의 아내를 잃어보지 않아서 과부가 된다는 것이 얼마나 어려운지에 대해 나는 잘 알 수가 없습니다."라고 말했습니다. 그녀는 놀라면서 이렇게 말했습니다. "많은 사람들이 나를 위로하려 했습니다. 그렇지만 당신이야말로 처음으로 진실을 말한 사람입니다." 그 과부는 후에 훌륭한 기독교인이 되어 많은 공헌을 했습니다. 우리는 어떤 사람을 위로하기 위해 수많은 말을 늘어놓습니다. 그러나 어느 누구도 위로할 수가 없습니다. 그들의 처지를 내 것으로 만들 수가 없기 때문입니다. 이 세상 그 누구도 할 수 없는 것입니다. 오직 인간을 완전히 이해할 수 있는 예수 그리스도만이 하실 수 있습니다. 그리스도는 완전히 동정(同情), 즉 사람들과 함께 느낄 수 있는 분이기 때문입니다. 인간은 모두 한계성을 가지고 있습니다. 죽음에 직면한 인간은 아무것도 할 수가 없습니다.

의사 여러분, 우리의 가장 큰 관심사는 어떻게 환자를 잘 도울 수 있느냐 하는 것인데, 우리 자신이 이미 돌이킬 수 없는 심한 병에 걸려 있으니 어떻게 할 수 있습니까? 많은 의사들이 나를 찾아와 그들을 위해서 아무것도 해 줄 수가 없다고 합니다. 뉴욕에 있는 한 병원에서 근무했던 미국 심리학자의 책을 읽은 적이 있습니다. '죽어가는 병동'의 환자들은 인생의 나눔이 거의 없었고, '치유되는 병동'의 환자들은 인생의 나눔이 많았다고 합니다.

이제 마지막 주제인 "자기 자신의 고통에 대해서"를 다루기로 하겠습니다.

기독교인이 자신의 고통에 대해서 어떤 자세를 취해야 하는가입니다. 결국은 고통에 대해 수용적인 자세를 취해야 한다는 것인데, 자신의 고통을 능동적으로 받아들이는 것은 쉽지 않은 일입니다. 그렇다고 해서 수동적인 자세를 갖는다거나 자포자기 하는 행위는 아무런 가치도, 의미도 없습니다.

이제 죽음의 벼랑에 몰린 노인은 마치 상처받은 짐승과도 같습니다. 사람의 모습이 아닙니다. 원망, 바로 그것입니다. 복수심에 불타는 원망이 일반적으로 죽음에 몰린 사람들의 반응인 것입니다. 운명이 자신에게 마지막으로 덮쳐올 때, 원망으로 가득 차 있다는 것은 지극히 정상적이며 전혀 부끄러워할 일이 아닙니다. 대부분의 사람들이 이를 숨기려 하지만, 심리학자나 의사의 눈으로 본다면 죽음 앞에서의 반항은 당연한 일입니다. 성경을 보면, 역대 위대한 믿음의 영웅들은 한결같이 반항아들이었습니다. 이사야가 그랬고, 예레미야가 그러했습니다. 예수님 자신도 반항심을 가졌습니다. 그러므로 원망하는 일에 대해서 부끄러워할 필요가 없습니다. 그것은 지극히 당연한 일입니다. 인간이 진정한 수용의 자세에 들어가려면, 이 반항의 분기점을 통과해야 합니다. 우리의 의지로 하는 것이 아니라 하나님의 도우시는 성령의 힘으로 할 수 있습니다.

인생의 목적은 고통 없는 삶이 아닙니다. 오히려 그 고통으로 열매를 맺어야 합니다. 예수님은 자신을 따르는 제자들과 사람들에게, 그들이 괴로움을 당하며, 박해를 받을 것이라고 일러 주셨습니다. 그래서 성 프랜시스(St. Francis)는 자신이 기대하는 선(善)은 너무 크고 위대해서 자신에게 닥쳐오는 모든 고통이 오히려 기쁨이 된다고 하였습니다. 인간의 고난이 하나님을 아는 신앙으로 승화되어 마침내 승리하는 인생이 됩니다.

내 둘째 아들이 다리를 심하게 다친 일이 있었습니다. 그는 "마침내 내게 무슨 일이 있으려나 보다!"라는 생각을 했다고 합니다. 우리는 그 아이가 혹시 자신의 인생을 포기하지나 않을까 염려하였습니다. 온갖 노력을 기울여 그 아이의 마음을 안정시켰습니다. 그러나 아이 자신은 그 일로 인해 새로운 변화를 기대했습니다. 인간이 고난을 겪지 않으면 그 인간은 실제로 사는 것이 아닙니다. 진실 되게 사는 삶을 느끼려면 어려움을 겪어봐야 합니다. 많은 사람들이 고난의 경험을 통해서 더 열심히 살아가는 모습을 볼 수 있습니다. 고통을 당할 때, 정말 참아내기 힘들 때 우리는 하나님께 부르짖습니다.

칼빈(Calvin)은 위장병이 나서 고통스러울 때 하나님께 부르짖었습니다. "오 하나님, 당신은 나를 씹으시는군요!" 우리는 얼마나 많은 성인(聖人)들이 이와 같은 고난의 아픔을, 하나님을 만나는 경험으로 변화시켰는지 잘 알 수 있습니다. 인간고(人間苦)의 의미는 철학적인 안목에서 논할 것이 아니라, 그 고통을 보내주신 분이 하나님이라는 사실을 깨닫는 데서 찾아야 합니다. 결국 '인간이란 무엇인가?'라는 원초적 질문에 대해, 고난을 통하여 하나님을 발견하는 존재라고 하면 될까요?

제가 예로 든 성경의 욥기에서는 '의인의 고난'에 대하여 그 해답을 제시하지 못했습니다.

하나님은 번개와 우레로 온갖 구름이 물러가고 빛이 비치게 하셨습니다. 하나님의 이러한 처사가 철학자인 융(Jung)을 충격으로 몰아넣었습니다. 욥에게 고난에 대한 아무런 해답도 주지 않은 채, 그대로 방치하여 둔 것에는 하나님의 잘못이 컸다고 했습니다. 그러나 욥은 하나님을 만났고 "내가 주께 대하여 귀로 듣기만 하였삽더니 이제는 눈으로 주를 뵈옵니다."라고 했습니다. 그렇습니다. 고난이 사람으로 하여금 하나님을 만나게 합니다. 고난은 하나님과 인간을 만나게 하는 매개체입니다.

나는 한창 나이에 세상을 떠난 딸로 인해 아픔을 겪는 한 어머님을 만난 적이 있습니다. 그녀는 내게 와서 이렇게 말했습니다. "이제부터는 하나님과의 연결 고리가 생겼습니다." 인간 세상에서의 사별(死別)은 하늘과의 유대 관계를 창조합니다. 우리는 한 발을 이미 하늘에 올려놓고 있습니다. 왜냐하면 우리의 보화를 그곳에 쌓아두기 때문입니다. 그리고 자신이 그곳에 가서 다시 결합하기를 손꼽아 기다리기 때문입니다.

이제 고난의 의미에 대한 마지막 주제에 도달했습니다. 그것은 고난의 의미가 무엇이냐 하는 것입니다.

사람이 자기 인생의 의미를 깨닫지 못했을 때는, 닥치는 고통에 대해 느끼는 아픔이 큽니다. 고통 자체를 고통스럽게 생각합니다. 현대 심리분석학계의 거장인 빅토르 프랭클(Victor Frankl)은 인간에게 요구되는 필요성이 있기에 삶의 의미가 창조된다고 했습니다. 프로이드(Freud) 이후에 그를 따르는 많은 학자들은 인류의 모든 문제가 해결되는 만병통치약이 바로 정신분석학이라고 했습니다. 프로이드의 정신분석학은 이렇게 큰 영향을 끼쳤습니다. 그러나 정직한 프로이드는 "정신분석학의 입장에서 보면 인간의 정신 질환으로 생기는 모든 문제들을 보통 인간 질환으로 변형시킬 수는 있지만, 이로 인한 인간의 고통 문제는 그 해결점이 훨씬 더 멀리까지 가 있다."라고 말했습니다. 이것은 정신분석의학이 인간의 고통에 대해 아무런 해결책도 갖고 있지 않다는 의미입니다.

프로이드는 많은 고통을 겪으며 살았던 사람입니다. 그는 후두암 수술을 10년에 걸쳐 서른두 번이나 받았습니다. 그는 먹지도 못하고 마시지도 못했으며, 끝내는 말도 하지 못하게 되었습니다. 이러한 무서운 고통 가운데서도 그는 겸손하고 묵묵하게 참아냈습니다. 스토아 사상의 영향을 받아 이 모든 고통을 운명으로 받아들이며 조용히 살았습니다. 그는 또 이렇게 말했습니다. "인간의 고통은 우리의 한계를 벗어나 있다."

프랭클(Frankl)은 "인간에게 있어서 가장 필요한 것은 세상의 사물에서 각기 그 의미를 찾아내는 것이며, 인간 삶에 있어서도 그 의미가 무엇인지를 찾아내는 것이다."라고 했습니다. 현대인들이 고통당하는 이유는 그 고통의 의미를 찾지 못하는 데 있습니다. 삶의 참된 의미를 모른 채, 공허함 가운데서 방황하고 있습니다. 프랭클은 이를 '실존적 공허감'이라 불렀습니다. 현대를 살아가는 사람들은 아무런 의미 없이 대량 생산과 막대한 소비문명 사이에서 돌고 도는 삶을 살다가, 이것들의 부작용으로 불어 닥치는 폭풍 속에서 사라져 버리고 마는 존재입니다.

여러분은 우리가 무엇을 위해 살며, 무엇을 얻으려 싸우는지를 이해하려고 노력합니다. 인간들로 하여금, 세상의 기술이나 문명과 같은 외형적인 것들에 대해 비인간적인 방법으로 해결하지 않도록 도와줍니다. 또한 현실적인 인간 자체를 바라보도록 가르치는 데 그 목적이 있습니다. 이것이 바로 신앙의 과제이며, 참된 인간의 싸움입니다. 여기에서 우리는 고통의 의미와 실패의 원인이 무엇이며, 진정한 '삶의 의미'가 무엇인지를 깨닫게 됩니다. 이렇게 해서 우리의 인생은 승리로 마무리됩니다.

복음의 요지는 기독교 교리에 있지 않습니다. 복음의 중심은 바로 인간입니다. 고통당하는 인간 자체에 있습니다. 기독교인은 고통 속에서야 비로소 예수님을 향해 갈 수 있고, 그분과 하나가 될 수 있습니다. 그리스도는 고통 속에서 죽고, 고통 속에서 승리를 거두었습니다. 인간의 성숙함은 하늘에서 떨어지는 열매가 아닙니다. 영적인 성숙을 통해서 얻게 되는 부산물입니다. 인간은 고난과 함께 살아나고 자라나는 생물입니다. 적어도 다른 사람의 고통에 함께 참여함으로 맛보는 고난의 공동체입니다. 가톨릭에는 제사제도가 있습니다. 고통의 제물을 드리는 예식입니다. 나는 개신교의 의사지만 이 제도가 옳다고 봅니다.

사도 바울은 자신의 고난을 그리스도가 겪은 고난의 연속으로 생각했습니다. "나는 내 자신의 삶을 사는 것이 아니라 내 안에 살고 있는 그리스도가 사시는 것이다"라고 했습니다. 그리스도의 삶을 자신의 삶에서 찾으려는 일체성을 보여줍니다. 잘 알려진 심리 현상의 변화입니다. 이를 기독교에서는 '성찬식(communion)'이라 합니다. 예수님과 하나 되는 경험이며, 그로 인해 이웃과도 하나 되는 경험입니다. 인간의 목적은 이 세상에 있지 아니하고 다른 세상에 있습니다. 거기에는 "다시 사망이 없고 애통하는 것이나 곡하는 것이나 아픈 것이 다시 있지 아니하리니"라고 계시록에서 말씀하고 있습니다.

질문시간

▶ 사람들은, 이 사회가 인간을 고난 속에서 구해야 할 책임이 있다고 말합니다. 그러나 아직도 고난의 극치인 죽음에 대해서 이렇다 할 대안을 제시하지 못하고 있습니다.

사람들은 죽음에 대해서 되도록이면 말을 하지 않으려 하고, 죽음이라는 말이 나오면 화제를 바꾸거나 피해 버립니다. 우리 모두는 결국 자신들이 죽으리라는 것을 잘 알고 있습니다. 인간은 누구나 죽습니다. 또한 우리는 죽어가는 사람에게 이 사실을 말하기를 꺼려합니다. 그들이 어떻게 생각할까를 염려하여 배려해 주는 것 같지만, 그것은 죽음에 대해 두려움을 갖고 있는 우리 자신들의 생각이지, 그들의 생각은 아님을 알아야 합니다. 이를 심리학적으로 타부(Taboo, 금기 禁忌)라 하여 덮어두고 비켜가려 합니다. 우리가 만일 이 타부를 해결한다면 죽음의 신비성을 제거할 수 있습니다. 우리가 처음에는 성(性)에 대해서 타부시했으나, 이제는 자유롭게, 직접적으로 표현할 수 있게 된 것과 같습니다.

극동지역에 사는 사람들은 우리와 다른 방법으로 살고 있습니다. 노인은 자기가 들어갈 관을 만들어서 집안 식구들이 일상적으로 생활하는 거실에 놓아둡니다. 가족이나 친구들도 이를 보고 친근감을 느낍니다. 죽음과 친숙해지고, 조금도 두려워하지 않습니다. 어떻게 보면 침대를 만드는 것과 같습니다. 그것보다도 훨씬 더 거룩하고 아름답기까지 합니다.

죽음에 대해서 우리가 갖고 있는 이러한 타부 의식은 우리의 삶을 더욱 더 어둡게 합니다. 우리는 마치 죽음이 이 세상에 존재하지 않는 것처럼 행동합니다. 이는 우리의 삶을 오도(誤導; 잘못 인도)하는 결과를 낳습니다. 죽음이란 우리 인간이 불가불 통과해야 하는 또 다른 관문입니다. 세상에 태어나는 사건과 똑같은 과정입니다. 어머니의 태 안에 있는 아기는 자신이 어디로 가는 지 전혀 모릅니다. 그것은 스스로 경험을 해야 비로소 알게 되는 실제입니다. 죽음 저편에 있는 세계에 대해서도 역시 경험을 통해서 알게 됩니다. 우리는 이미 이러한 사실에 대해서 인식하고 있기 때문에 죽음에 대한 경험이 많이 축적되어 있습니다. 죽음이 실제로 다가오더라도, 정직한 자세로 맞이하게 됩니다. 우리 자신들이 죽음에 승리한 후에야, 다른 사람들을 이해시킬 수 있습니다.

▶ 저는 한 부부를 알고 있습니다. 남자는 자기 부인이 죽어가고 있다는 사실을 알았습니다. 그 부인 역시 그것을 알고 있었습니다. 그러나 마지막 순간에 이르러서는 죽음에 대해 서로 아무 말도 하지 않았습니다. 의사들이, 그 여자가 죽어가고 있다는 사실을 알리지 말라고 했기 때문입니다.

이에 대해 단도직입적으로 대답한다면, 그렇게 하는 것은 옳지 않은 행동입니다. 우리는 속임수를 씁니다. 서로 간의 관계에 따라서, 혹은 친밀한 정도에 따라서 속임수를 씁니다.

외과 의사로서 큰 병원의 원장이 된 친구가 있었습니다. 그의 아들이 17살 되었을 때 암에 걸렸습니다. 일 년에 걸쳐 그 아이는 서서히 죽어가고 있었습니다. 아들은, "아버지는 나를 고쳐 주실 거야."라고 생각하며 아버지에 대한 신뢰를 상실하지 않았습니다. 그 병원장은 가끔 제네바로 와서 나를 만났습니다. 아들에 대한 무거운 짐을 조금이나마 벗으려고 했던 것입니다. 나는 그 소년이 누워 있는 병실에 갔습니다. 역시 그는 서서히 죽음을 향해 가고 있었습니다. 그런데도 그 소년은 자기 아버지가 병을 고쳐 주시리라 확신한다고 말했습니다. 결국 그 소년은 죽었고, 몇 년의 세월이 흘렀습니다.

이 원장은 우연히, 죽은 자기 아들의 가장 가까웠던 친구를 만났습니다. 그는, "원장님의 아들은 죽기 전, 처음부터 자신이 죽어가고 있다는 사실을 알고 있었습니다. 한번은 그가 하는 말이, 아버지를 기쁘게 해 드리기 위해서 사람들을 만나면 아버지가 고쳐 주실 것이라 믿는다고 했습니다."라고 말했습니다.

여러분, 들으셨지요? 이것이 사실입니다. 아버지도, 아들도 그 사실을 알았습니다. 그런데 아버지도 이 이야기를 아들에게 하지 않았고, 또 아들은 계속해서 자기 아버지가 자신을 고쳐 주실 것을 확신한다고 사람들에게 거짓말을 했습니다. 아버지를 기쁘게 해드리려고 자신이 죽어가고 있다는 사실을 모르는 척 했습니다. 이로 말미암아 아버지와 아들 사이에는 벽이 생겼고, 서로 아무 말도 할 수가 없었습니다. 아버지의 마음은 엄청난 아픔과 괴로움으로 산산조각 났습니다. 그는 몇 년 동안 안정을 찾지 못했습니다. 불쌍한 아들 생각에 가슴이 메어지는 것 같이 아팠습니다. 마침내 하나님의 은혜로 그는 아픔에서 헤어 나오게 되었습니다. 아들의 죽음을 마음으로 받아들였습니다. 지금은 아주 훌륭한 목사님으로, 의사로 활동하고 있습니다. 그러나 그 대가는 너무나 컸습니다.

▶ 환자들이 박사님 방으로 찾아갈 때 성경적인 입장에서 말해주는 경우가 많다고 들었습니다. 환자들 중에 이에 반발하는 사람은 없었습니까?

여러분도 아시는 바와 같이, 나는 결코 말을 많이 하지 않습니다. 때때로 환자들로부터 종교적인 이야기에 대한 요청을 받지만, 언제나 그런 것은 아닙니다. 의사는 환자를 따라야 하는 것이 원칙입니다. 그리고 환자들의 모든 것을 수용할 자세가 되어 있어야 합니다. 환자들이 그 반대 방향으로 나갈 때, 종교적인 지혜가 필요합니다. 나는 나 자신이 환자들과 함께 해나갑니다. 심각하게 받아들여야 하는 사안입니다. 내게 찾아오는 환자들은 아주 근본적인 문제들을 가지고 옵니다. 다른 의사들로부터 대화를 단절 당했을 때 최종적으로 찾아오는 곳이 이곳입니다. 아마도 목사님께 찾아가 말해야 할 이야기들입니다. 의사란, 적어도 한 인간이 자신의 전체를 맡길 수 있을만한 위치에 있어야 합니다. 그때야 비로소, 그들과 함께 모든 인생 문제를 제 자리에 돌려놓을 수 있습니다.

목사님들이나 신부님들이 나와의 만남을 요청하는 일이 있습니다. 그것은 내가 사람들과 영적인 대화를 많이 하기 때문입니다. 내 대답은 '아니오'입니다. 나는 아무 것도 할 것이 없다고 대답합니다. 환자들은, 사람들이 자신에 대해 무관심하다고 생각합니다. 그래서 막상 누군가가 설교하려 한다면, 그들은 곧 긴장하여 자신들을 방어합니다. 자신들이 현혹 당할까봐 두려운 것입니다. 그러나 나와 같은 사람에게는 현혹당할 이유가 없다고 생각합니다. 그렇지 않다고 생각하는 사람은 솔직하게 말을 합니다. 어떤 공산당 간부가 내게 만나자는 편지를 보냈습니다. 자신은 내가 기독교인이지만, 상담하는 데는 어려움이 없을 것이라고 기대했습니다. 다만 종교문제에 대해서만은 얘기하지 말라고 했습니다. 나는 그의 심정을 이해한다고 했습니다. 우리는 만나서 좋은 시간을 가졌습니다. 세 번째로 만나고 헤어질 때, 나는 그에게 말했습니다.

"미안하지만 나는 더 이상 당신을 도울 수가 없습니다."
"무슨 의미입니까?"
"그냥 할 수 없다는 말입니다."
"이유가 뭡니까?"
"종교적인 문제에 대해서는 말하지 말라 하면서, 당신은 계속 종교 문제에 대해서 말했습니다."

인생의 의미에 대해서 알고자 하는데 무슨 제한이 있습니까? 어떤 물리적인 이유로도 대화를 단절하거나, 회피하려 해서는 안 됩니다. 사람은 누구나 진정한 마음의 이야기를 원합니다. 겉치레가 아닌 자신의 심각한 문제를 말하고 싶어 합니다. 환자들이 자신의 문제를 의사와 의논할 때, 마치 목사님이나 신부님에게 하듯 합니다. 이를 회피하거나 무시해서는 안 됩니다. 그것이 인생 문제든 종교 문제든 의사는 환자와 어디든지 함께 가야 합니다. 대화의 선택이나 단절 없이, 그들의 문제를 함께 고민해야 합니다. 환자가 갖고 있는 문제라면, 그것이 죽음에 대한 문제이건, 종교에 대한 문제이건, 인생살이든 끝까지 진지하게 들어주어야 합니다. 의사로서의 고압적인 자세는 버려야 합니다. 가르치는 일은 의사인 나의 일이 아닙니다. 교회가 감당해야 할 일입니다. 나는 가르치려 하지 않습니다. 다만 환자들과 동행하는 것뿐입니다.

▶ 의사인 제 경험으로는, 환자와 대화를 가질 시간이 별로 없습니다. 사람들은 치료에 대한 얘기를 듣고 싶어 합니다. 영적인 대화를 나눈다고 하는 것은 거의 불가능에 가까운 일입니다.

물론 그 말에도 일리는 있습니다. 현대문명 속에서 우리는 모든 것을 빼앗기고 삽니다. 시간이 없다는 것입니다. 그래서 누구나 불평하지 않는 사람이 없습니다. 그렇다면 의사 아닌 누가 그 환자들을 돌볼 수 있겠습니까? 우리에게는 막중한 책임이 있습니다. 우리 모두는 이렇게 바쁜 현대인들의 생활 태도에 똑같이 물들어 있습니다. 남을 위한 시간을 내려고 하지 않습니다. 희생하려 하지 않습니다. 조용한 시간을 가지려 하지 않습니다. 우리는 이 시대의 희생자가 아니라 바로 그 비난의 대상자들입니다.

의사들은 시간을 내어 환자와 진정으로 깊이 있는 대화를 해야 합니다. 문제의 근원을 찾기 위한 대화는 기타의 방법, 즉 주사 놓는 일, 엑스레이(X-ray) 촬영 등 기술적인 방법으로 소모하는 시간에 비해, 훨씬 시간이 절약됩니다. 많은 사람들이 시간을 적절히 배분하지 못해서 시간을 낭비합니다. 현대인들은 장마철 급류에 속절없이 떠다니는 낙엽처럼 시간을 보냅니다. 의사들은 위기에 처한 이 세상을 구하는 구원자가 되어야 합니다.

▶ 박사님이 쓰신 여러 권의 책들을, 수년에 걸쳐 읽으면서 많은 영향을 받았습니다. 이 시간을 빌어서 감사를 드립니다. 오늘밤에 박사님께서는 키르케고르(Kierkegaard)와 프랭클(Frankl)에 대해 언급하셨습니다. 한 분 더 알렉시스 카렐(Alexis Carrel)에 대해 알고 싶습니다. 그는 박사님과 같이 의사이면서 록펠러재단(Rockefeller Institute)에서 여러 해 동안 연구했습니다. 그가 쓴 《알려지지 않은 인간(*Man, the Unknown*)》이란 책이 인간 삶의 근본적인 문제를 다루고 있습니다. 그러나 별로 대중에게는 알려지지 않았습니다. 카렐(Carrel)의 책이 이 세상에서 거의 사라져 버렸는데, 그 이유는 무엇인지 알고 싶습니다.

나 역시도 카렐의 책에 대해서 좋게 생각하고 있습니다.
1937년 어느 날, 나는 앞으로 나아가야 할 전문 분야에 대해 하나님의 인도하심을 구하고 있었습니다. 아주 포기할 것인지, 아니면 변형할 것인지에 대해서 고민 끝에, 변형시켜서 계속 해나가야겠다는 결정을 내렸고, 어떻게 변형시킬 것인가에 대해서 하나님의 인도하심을 받으러 묵상하고 있었습니다. 그 주간 내 아내 넬리(Nelly)와 함께 바닷가로 여행을 떠났습니다. 많은 시간을 묵상하였음에도 불구하고 하나님으로부터 아무 음성도 들을 수 없었습니다. "하나님의 침묵", 그것은 또 다른 가르침이었습니다.
당시에 내게 떠오른 것은 오직 한 가지,《알려지지 않은 인간》이란 책을 다시 읽어봐야겠다는 생각이었습니다. 인간 과학의 제한성에 대하여 알아보기 위해서였습니다. 카렐의 책은 모든 과학을 한 곳에 모아 놓은 연못 같았습니다. 그 책을 통해서, 신앙이 의학에 그 무언가를 가져다 줄 수 있으리라고 생각했습니다. 그때서야 하나님께서는 말씀하셨습니다. "너는 내가 네게 가르쳐 준대로 시작하라. 내가 후에 네게 다른 것을 말해 주리라." 하는 음성이었습니다.

  사람들은 항상 큰일을 하기 원합니다. 위대한 사상을 가지려 합니다. 큰 계획을 세우고 거대한 활동을 하여 세상을 놀라게 하려 합니다. 그러나 위대한 것들은 가장 작은 생각에 복종할 때에 비로소 가능합니다. 나의 작은 생각은 곧 카렐의 책을 다시 읽으라는 것이었고, 나는 그렇게 했습니다.

  카렐의 명성이 손상을 입은 것은, 마샬 페탕(Marshal Petain) 수상이 그를 자신의 내각에 보건부 장관으로 임명한 것 때문이었습니다. 그것이 페탕 자신에게 정치적 입지를 부각시키는 관건이었을지 몰라도, 카렐의 입장에서 본다면 과학자로서의 순수성에 먹칠을 하는 지극히 불행한 사태였습니다. 열성과 헌신으로 일을 수행했지만, 그 결과는 타협이라는 자기 손상밖에 남겨놓지 못했습니다. 오늘날까지도 프랑스 사람들은 그의 이름을 거론하기를 주저하고 있습니다. 그는 정치적 희생양이 된 것입니다. 이것이 여러분의 질문에 대한 나의 답변입니다. 그러나 카렐의 다양한 저서를 통해 좋은 점을 취할 수 있습니다.

8

결혼생활의 비법
– 한 심포지엄에서 강연한 것을 1982년에 미국에서 발간한 것 –

넬리(Nelly)와 나는 1920년에 약혼을 했습니다. 그러나 1923년이 되기까지 3년 동안, 우리의 약혼 사실을 사람들에게 알리지 않았습니다. 그리고 1924년에 결혼을 했습니다. 당시 사회에서는 결혼 전의 성적 접촉을 허락하지 않았습니다. 또한 남자가 공부를 마치기까지는 결혼도 허락되지 않았습니다. 지금은 풍습이 많이 바뀌었지만, 오늘날의 젊은이들을 보면, 우리 때보다 그다지 행복해 보이는 것 같지는 않습니다.

아내와 나는 가정환경이 비슷합니다. 우리 집은 잘 알려진, 유명한 가문입니다. 우리는 같은 교회에 다녔고, 같은 목사님으로부터 가르침을 받았습니다. 그 목사님은 우리 아버지의 뒤를 이어 목사님이 되신 분이었습니다. 우리는 교리문답반의 반장, 부반장으로 활동하면서 알게 된 사이였습니다.

우리의 감정은 기독교 가정에서 형성되었습니다. 저녁 기도회가 끝나면 함께 교회 일을 도우며 우리만의 시간을 가졌습니다. 나는 성경 말씀을 읽고, 설명하며, 기도하는 목사의 역할을 하였고, 그녀는 회중으로서 나의 말을 경청했습니다. 그러므로 우리는 감정의 폭발이나 열정에 휩싸이지 않았습니다. 피차간에 인간으로서의 도리에서 벗어나지 않게 행동했습니다.

우리는 결혼하여 함께 잘 지냈습니다. 결코 서로의 사랑을 의심해 본 적이 없습니다. 그녀는 지나칠 정도로 내게 심취해 있었기 때문에 나를 비평한다거나 반대하는 일은 거의 없었습니다. 그러나 감정이 고조되어 예상치 못한 행동으로 이어진 일은 더러 있었습니다. 그럴 때는 그녀의 신경이 예민해 있어 그냥 내버려 둡니다. 그녀의 신경질은 어려서부터인 것 같습니다. 넬리에게는 언니가 한 분 있습니다. 아내와는 다르게 학교 성적이 좋았습니다. 모든 일에 있어서 언니가 우선이었습니다. 나는 넬리에게 자신감을 갖도록 해 주었습니다.

그러나 넬리에게 격려하면 할수록 기대와는 반대로 열등감에 빠지게 한다는 사실을 나중에야 알게 되었습니다. 그녀가 자신의 감정을 폭발하였습니다. 나는 조용히 참아내며 내 인내심을 시험하였습니다. 내 자존심을 지키려 노력했습니다. 그러나 나도 한 계점에 도달하였습니다. 내 감정이 폭발했습니다. 결국 우리 두 사람은 같이 울어버렸습니다. 그리고는 다시 평정을 되찾고 기독교 가정의 한 남편과 한 아내의 자리로 돌아왔습니다. 흔치 않은 경험이었습니다. 그러나 나는 내 결혼생활에 감사하며 살고 있습니다. 우리 사이에 해결된 일은 아무 것도 없습니다.

어느 날 나는 영국 의사이며 친구인 한 동료에게 아내의 문제에 대해 의논하였습니다. 그러자 그는, "의사 부인이 그렇게 신경과민 상태에 이르렀다면 그 책임이 남편에게 있는 것이 아니냐?"라고 했습니다. 나는 아무 대꾸도 하지 못했습니다. 넬리의 신경과민은 그녀의 어린 시절에 생긴 것이 아니라, 결혼 후 나와 생활하여 생긴 것이라는 사실을 깨닫게 되었습니다. 그럼에도 불구하고, 그 직접적 원인이 나 자신 때문임을 인정하지 않았고 받아들이지 못했습니다.

우리가 하나님께 묵상의 시간을 갖기 시작한 것은 1932년부터였습니다.

50년 전 11월 어느 날 저녁, 나는 한 친구의 집에 갔습니다. 거기서 소위 옥스퍼드 그룹(Oxford Group)이라 불리는 운동 단체 사람들을 만나게 되었습니다. 옥스퍼드대학의 학생들이 시작한 운동단체입니다. 나는 전혀 모르는 단체였지만 나의 환자 중 한 사람이 그들로 말미암아 변화되었다는 사실을 알고 있었습니다. 그 날 저녁 그곳에는 취리히(Zurich)에서 세 사람이 와 있었습니다. 아주 잘 알려져 있는 사람들이었습니다. 국제연맹(The League of Nations)에서도 나와 있었습니다.

나는 그 운동의 원리가 무엇이며, 어떤 실천 방법을 갖고 있는가에 대해 알고 싶었는데 그들은 내 기대와는 다르게, 어떤 사람의 작은 경험에 대해서만 말했습니다. 그 곳에 참석한 어느 관리가 앞에 나가서 말하기를, 자신은 지난 몇 개월 동안, 아침마다 긴 시간을 조용히 하나님께 바쳤다는 것이었습니다. 하나님의 음성을 듣기 위해 평균 한 시간씩은 묵상시간을 갖는다는 것입니다. 이 말은 나에게 충격으로 다가왔습니다. 나는 교회에서 중요한 하나님의 사역을 감당하고 있음에도, 실제로 나 개인의 영적인 생활에 대해서는 거의 아무것도 하지 않고 있었기 때문입니다.

다음 날 아침, 나는 평소보다 1시간 일찍 일어났습니다. 아내의 잠을 방해하지 않기 위해 서재로 나가서 조용히 묵상의 시간을 가졌습니다. 그러나 아무 생각도 떠오름 없이 한 시간이 다 지나가 버렸습니다. 내가 진정으로 원했던 것은 실제적인 나 자신의 문제에 대한 것이었습니다. 한 번 더 시도해 보아야겠다고 생각했을 때, 나는 이 생각이 바로 하늘로부터 온 하나님의 음성일지도 모른다는 생각이 들었습니다. 성경에서 말하고 있는 하나님은 "말씀하시는 하나님"입니다. 나는 이에 대해 이의를 제기하지 않습니다. 여러분도 성경의 첫 장을 보기 시작하면 알 수 있을 것입니다. 하나님께서는 시내산에서 율법을 기록하라고 말씀하셨습니다. 이스라엘 백성들에게 말씀하셨고, 또한 개별적으로 말씀하시기도 했습니다. 어린 사무엘을 잠에서 깨어나도록 말씀하신 이도 하나님이십니다. 내가 깨달은 것은 하나님의 말씀에 반응하는 것이 우리의 과제라는 사실입니다.

나는 인내심을 가지고 기다렸습니다. 점차 어떻게 말씀을 듣는가를 배우게 되었습니다. 그러나 잘못 듣는 경우도 많았습니다. 어떤 생각이 하나님으로부터 오는가, 아닌가는 그렇게 쉽게 구분할 수 있는 일이 아니기 때문입니다. 그러나 내가 확신하게 된 것은 우리가 결코 잘못을 하지 않으려는 완벽주의에 빠져서는 안 된다는 것입니다. 다만 하나님의 말씀을 어떻게 하면 더 잘 들을 수 있을까 하여, 하나님께 더욱 가까이 다가가야 하는 것입니다.

2주 후에 아내와 나는 리용(Lyon)으로 갔습니다. 일찍 집을 나와 쇼핑을 하고 점심 식사를 했습니다. 그리고 오늘 아침에 못한 일이 있어서 집에 좀 일찍 돌아갔으면 좋겠다고 아내에게 말했습니다. 이 때부터 우리는 아침마다 조용한 시간을 주기적으로 갖게 되었습니다. 집에 도착해서 함께 묵상하는데, 우리 두 사람은 동일하게 불안함을 느꼈습니다. 마음에 안정이 없고 혼란에 빠졌습니다. 묵상 노트에는 아무 것도 적혀 있지 않았습니다. 다행히도 아내는 이러한 불안한 감정의 원인을 알기 위해, 내일 아침에 다시 시간을 갖자고 제안했습니다. 다음 날 아침에도, 역시 나는 아무것도 생각한 것이 없었습니다. 그러나 아내는 이렇게 적어 놓았습니다.
"여보 당신은 아시나요? 당신은 나에게 있어서 나를 가르치는 스승이며 의사이며, 그리고 심리학자입니다. 더구나 나의 목사님이죠. 그러나 나의 남편은 아니에요."

아내가 말하는 것은 부부간의 성관계에 대한 이야기가 아니었습니다. 그런 점이라면 나는 완벽한 남편입니다. 그녀는 '평등'을 이야기하고 있는 것입니다. 평등함이 없이는 진정한 공동체가 이루어질 수 없습니다. 또한 하나님에 의하지 않고는 인간에게 진정한 평등이 있을 수 없습니다. 많이 알고 큰일을 행하는 데 있어서의 평등이 아니라, 인간 존재로 인한 평등이 있어야 합니다. 우리가 아무리 서로 다르더라도 인간 동등으로서의 평등이 있어야 합니다.

지금까지 부부로 살아오면서 나는 지식이 있고, 아내는 그렇지 못하다고 생각했습니다. 나는 싸우고 따졌으며, 모든 생각을 파괴시키는 파괴자였습니다. 그러나 이제 모든 것이 하나님의 가르쳐주심에 의하여, 아내는 나의 참 문제점이 무엇인지에 대해 손가락질 하며 나의 잘못을 지적하는 것 같았습니다. 남자들은 의도적으로 남성 우월주의에 의해 여자를 무시해 왔습니다. 나는 고아로서의 고독을 감추기 위해서 자연스러운 감정을 억압해 왔고, 이에 대한 약점을 감추고 보충하기 위해서 열심히 지식을 쌓았습니다. 그로 말미암아 사회에 진출하여 비인격적인 싸움에 승부를 걸고 있었던 것입니다. 열심히 토론하고 업적을 쌓아갔습니다. 왜냐하면 전적으로 나의 진정한 감정을 표현할 수 없었기 때문입니다.

하나님에 대하여, 예수님에 대하여, 또는 인간과 구원에 대하여 나는 분명한 신학관을 갖고 있었습니다. 교회에 관해서도 그 누구에게도 뒤지지 않는 지식을 갖고 있었습니다. 그러나 이 모든 것이 실질적인 나의 삶에는 아무런 도움이 되지 못했습니다. 아내에게 설교를 했고, 교육을 했습니다. 심리학적으로 철학적으로 논리를 구성하여 모든 일들을 가르치려 들었습니다. 개인적인 일, 심지어 가정의 내밀한 모든 일에 이르기까지 교리가 적용되었고 학설이 적용되었습니다. 그러나 나의 감정, 나의 근심에 대해서는 아내와 한 마디도 나누지 않았습니다. 몰아닥치는 절망감에 대해서도 아내에게 한 마디 말도 할 수 없었습니다.

그러므로 오랫동안 부부로 살아왔지만, 우리에게는 침묵만이 있을 뿐이었습니다. 말하고 싶고, 표현하고 싶은 것들이 시원스럽게 해소되지 않았습니다. 아픈 기억들이 하나도 해결되지 않았던 것입니다. 나는 부모님이 돌아가셨을 때에야 비로소, 처음으로 눈물을 흘리며 울었습니다. 그러나 그 후에도 내 마음은 굳게 닫혀 있었습니다. 나의 문제에 대해 이 세상의 그 누구와도 나누지 못했습니다.

어느 날, 아내와 조용히 묵상하는 시간을 가졌습니다. 그 때는 아내의 말을 들은 후였습니다. 이제는 아내를 가르치고 설교하는 대상이 아니라, 진정한 파트너와 인생의 반려자로서 서로의 문제를 나누어야 한다고 생각했습니다. 나는 처음으로 나의 아픔을 그녀에게 호소했습니다. 우리는 진정한 부부관계를 회복하였습니다. 나도 아내의 말에 귀를 기울이게 되었고, 우리는 묵상시간에 서로 고해성사를 하듯이 자신의 이야기를 하게 되었습니다. 그리고 세상에서 가장 친밀한 사이가 되었습니다. 일상생활에 쫓기는 바쁜 일상 가운데서 결코 대화의 시간을 가져보지 못했던 우리 부부는, 이제 그 짧은 시간 시간들 가운데에도 모든 것을 말할 수 있게 되었습니다. 그렇게도 많은 일들이 우리 두 사람 사이에서 일어나고 있는지를 이전에는 미처 알지를 못했습니다.

부부 사이에는 해야 할 말과 해서는 안 되는 말이 있다고 합니다. 가정을 평화롭게 유지하기 위해서는 되도록 갈등되는 요소를 피하고 할 말을 유보하여 가슴에 묻어 두어야 한다는 것입니다. 그러나 이는 가정의 분위기를 어둡게 만들 뿐입니다. 문제를 해결하지 못하게 하는 결과가 됩니다.

종교인들이 행하는 묵상과 정신분석학자들이 주장하는 묵상 사이에는 많은 유사성이 발견됩니다. 프로이드(Freud)는 비종교적인 차원에서의 묵상과, 묵상 중에 들려지는 음성의 막강한 힘의 차이에 대해 스스로 인정하지 않을 수 없었습니다. 실제적으로 이들 사이에는 두 가지 면에서 큰 차이가 있습니다. 심리학자의 경우에는 묵상할 때에 자기 자신을 대상으로 하지 않습니다. 반면에 종교인들의 묵상은 자신을 대상으로 해서 이루어집니다. 묵상의 종국적인 목적은 하나님의 임재하심 가운데, 그의 음성을 듣는 것입니다. 그 가운데서 사람들은 모든 것을 다 말할 수 있습니다. 정신분석자들도 하나님의 사랑이 무엇인지는 모르지만 묵상시간을 통해 그가 과거에는 감히 말하지 못했던 일들을 말하게 됩니다.

  우리는 이렇게 묵상의 시간을 계속 가졌습니다. 40년 동안, 적어도 일주일에 한 번 정도는 세 사람이 같이 랑데부(rendezvous)하는 시간을 가졌습니다. 하나님, 아내, 나 이렇게 셋이었습니다.

  부부가 함께 하는 묵상의 시간은 개인적인 묵상의 시간을 많이 보충해 줍니다. 또한 이에 못지않게 개인적인 묵상 시간도 필요한데, 이는 부부간에 갖는 시간에 나오지 않았던 생각들을 보충해 줍니다. 나의 중요한 일과 중요한 활동들은 이 묵상 시간에서 시작됩니다. 아내가 내 직업에 전적으로(100%) 동역하는 계기를 만들었습니다. 이 시간 없이는, 환자의 문제를 전혀 파악할 수 없었습니다. 묵상을 통해서 다른 사람의 비밀을 알게 되는 것이 아니고, 나 자신의 비밀에 대해서, 숨겨진 것이 무엇인지를 알게 된 것입니다.

  전인격적(全人格的) 인간에 대한 국제 의학회의가 개최되었습니다. 참석자들은 우리 부부를 잘 아는 사람들이었습니다. 융(C. G. Jung)의 학설이 남녀의 결혼에 어떠한 발전적 영향을 미칠 것인가 하는 것과, 성(性)에 대한 사회적인 대책에 어떤 영향을 미칠 것인가에 대한 연구에 있어서, 폴 플래트너 박사(Dr. Paul Platner)는 우리 부부를 그 예로 들었습니다. 그는 자신의 전투적 성격에 의해 자신의 목적을 달성하려는 그릇된 생각을 갖고 있었습니다. 그는 나의 아내와 접하는 동안에 자신의 잘못된 성격을 발견하게 되었습니다. 이 계기로 그는 참 인간이 되었고, 참 인격자로 변화되었습니다. 전인적 인간 치유의 전문의가 되었습니다. 의학적 학설을 좋아하지 않던 나의 아내는 그의 내재된 지적 기능을 억압하고, 감정적 기능을 찾아내는 데 성공하였습니다. 반대로 아내는 플래트너 박사와 접하면서, 지적인 이론을 인간 실상황에 어떻게 적용시켜야 하는지에 대해서 배웠습니다.

참석한 이들은 대부분 각자 자신의 표면 내부에 숨겨진 문제들이 무엇인지를 발견하게 되었고, 실제로 문제 해결의 계기도 갖게 되었습니다. 뿐만 아니라 모든 참석자들은 부부가 함께 묵상 시간을 가짐으로써 하나님의 음성을 들을 수 있었습니다.

9

어떻게 늙어야 하나?
− 스위스와 프랑스 두 라디오 방송과의 인터뷰, 1973년, 1974년 −

질문시간

▶ 한 인간이 일생을 살아가는 동안에 맞이하는 전환점에 대해서 말씀해 주십시오.

무엇이든지 조직화하려는 것은 위험한 발상입니다. 인생에 있어서는 세 번에 걸친 중요한 시기가 있습니다. 유년기(childhood), 성년기(working life), 은퇴기(retirement) 등입니다. 이 세 단계의 시기를 거치는 동안 두 번의 전환점을 맞이하게 됩니다. 첫 번째 전환기는 아이가 어른이 되는 과정입니다. 심리학자들이나 특히 프로이드 학파에 의하면, 이 시기는 공부를 집중적으로 하는 시기입니다. 이 때를 잘 보내지 못하면 일생을 어린

아이처럼 살아갑니다. 두 번째 전환기는 일하는 성년기로부터 융(Jung)이 소위 '황혼기'라 부르는 은퇴기 사이를 말합니다. 내가 특히 융에 대해서 언급하는 것은 그가 이 두 번째 전환기에 대해 집중적인 연구를 하였기 때문입니다. 인간이 성년기에 미련을 두면 둘수록 황혼기(은퇴기)에 적응하기가 매우 어렵습니다. 일하는 시기 소위 제3의 시기라는 은퇴기 사이의 전환기는 인생에 있어서 대단히 힘든 시기라 할 수 있습니다. 잘못하다가는 결정적인 충격에 사로잡힐 수 있습니다.

▶ 노년기는 은퇴 후의 시기를 말하는 것입니까?

그렇다고 할 수 있습니다. 그러나 더 이른 시기라고도 할 수 있습니다. 의사의 눈으로 볼 때, 인간은 처음 인생을 시작해서부터 늙어가고 있습니다. 인간은 늙느라고 인생을 소모하고 있습니다. 우리의 인생 전체는 우리 자신이 투자한 자본입니다. 우리는 일생동안 이 자본을 먹어서 잠식해 들어갑니다. 그러므로 사람들은 돌아오는 새 시대를 맞이하기 전에 그 시대에 대한 준비를 해 놓아야 합니다. 예를 들자면, 우리는 어린 시절에 일하는 시기에 대한 준비를 해야 하고 일하는 시기에는 은퇴 후의 시기를 준비해야 합니다. 그러나 이 시기에 사람들은 너무나 많은 일에 몰두하여 지쳐버립니다. 또한 은퇴로 말미암아 일이 없어질 때를 대비하여 양식을 준비하지 않았기 때문에, 그들은 더욱 당황하게 됩니다.

그러므로 은퇴할 때를 위한 준비가 있어야 합니다. 그것이 어느 면에서는 삶의 의미입니다. 인간이 산다고 하는 것은 늙는 준비를 하는 것입니다. 인간의 노년기는 그의 인생에 있어서 가장 광활해지는 시기입니다. 가장 이상적인 시기이며, 가장 신성한 시기입니다. 두르크 하임 박사(Dr. Durkheim)의 말을 빌면, 이 시기는 인간의 삶이 신격화되는 시기이지 위축되거나 소멸되는 시기가 아닙니다.

▶ 인간이 은퇴하기 전에 일로 인한 습관이 형성되어 있습니다. 그것이 은퇴 후에 영향을 미친다고 생각하십니까?

확실히 그렇습니다. 인간은 누구나 그가 일하는 동안 형성된 자기 나름대로의 모습이 있습니다. 매일같이 같은 시간에 같은 기차를 타고 출근합니다. 같은 사람을 만나고 같은 활동을 합니다. 이러한 생활을 40년, 혹은 50년 동안 계속 해 왔습니다. 신문도 매일 같은 신문을 보고 휴가도 언제나 똑같이 갔습니다. 다시 말하면, 모든 일상적인 삶이 스스로의 개성을 파괴시켰습니다. 특히 창의력에 의한 상상력에 관해서는 그가 일하던 조직 사회에서 그리 달갑게 여기지 않습니다. 만일 그렇지 않다면, 그들은 받아들여지지 않았을 것입니다. 또한 조직 내에서 트러블 메이커(trouble maker, 문제아)로 남아 있을 것입니다. 인간은 모두 일정한 형태로서의 모습으로 길들여졌기 때문에 한 인간으로서의 존엄성과 권위가 완전히 실추되고 말았습니다. 로봇(robot)으로 변신되었습니다. 그리고 그가 일에서 자유로워졌을 때—사실은 이것이 인간 삶의 최종 목표인데—그 자유를 가치 있게 사용할 줄 모르게 됩니다.

▶ 은퇴 후 직업에서 비로소 자유함을 얻었는데 오히려 이 자유를 부끄럽게 여기는 사람이 있습니다.

사람들이 이 자유에 대해 부끄럽게 생각하고 있습니다. 다른 사람들은 일하는데, 자신은 일을 하지 않고 먹는다는 것이 이상하다는 것입니다. 마치 자신을 일하는 사람들의 등에 업혀 살아야 하는 문젯거리로 생각하는 것입니다. 남의 도움으로 얹혀서 산다고 하는 사상은 옛날부터 계속 제기되어온 문제입니다. 가정의 주부들은 밖에서 모든 일이 잘 돌아가기 때문에 자신은 편히 앉아서 독서할 수 있다고 생각하며 이를 부끄러워합니다. 자신은 아무것도 하지 않고 있다고 생각하기 때문입니다. 그러나 그녀가 읽는 책은 여자에게 있어서 참으로 가치 있는 책이 될 수도 있는데 말입니다.

휴가에 대해서 생각해 봅시다. 휴가라는 것은 비교적 최근에 도입된 개념입니다. 지나온 역사를 통해서 볼 때, 지극히 일부의 특권층만이 휴가라는 것을 즐길 수 있었습니다. 그러나 지금은 일반화되었습니다. 휴가를 간다는 것은 하나의 권리에 속하게 되었습니다. 휴가에 대해서 사람들은 자신을 정당화시킬 구실을 찾아야 했습니다. "요즘 나는 참으로 피곤하다."라는 말은 "나는 이 특권을 누릴 권리가 있다."라는 말과 같은 것입니다. "일하기 싫거든 먹지도 말라" 하는 '일의 법칙'에 어긋나는 휴가를 가기 위해서 사람들은 자신의 구실을 만들어 놓았습니다. 일은 인간이 존재하는 목적이 되었습니다.

▶ 일은 인간이 존재하는 한 방편입니다. 박사님께서는 인간이 존재하는 것은 일을 통해서라고 생각하십니까?

내가 오랫동안 생각했던 문제를 질문하였습니다. 한 인간의 의미가 무엇인지에 대해서는 심각한 문제에 속하는 것입니다. 인간이 존재할 이유를 제공하는 것입니다. 나는 문제의 본질에서 벗어나려 하는 것이 아니지만 어떤 여자 분이 내게 한 말이 생각납니다.
"내가 참으로 살아있는지에 대해 느낌을 갖게 해 주는 것은 내게 닥치는 고난입니다."
존재하느냐 혹은 존재하지 않느냐 하는 문제는 실존주의 철학자들의 과제입니다. 인간이 일을 통해서만 존재한다면, 그들의 일로 인해 자유가 탈취 당한다면, 그들은 공허를 느끼게 될 것입니다. 그리고 자신이 스스로 존재하지 않는다고 생각할 것입니다. 그리고 자신이 존재하고 있다는 사실을 입증할 다른 구실을 찾아야 합니다.

▶ 인간 존재는 그들이 성취한 일의 결과가 어떠하냐에 따라서 평가됩니다.

물론 그렇습니다. 사실입니다. 그러나 고대 그리스에서는 그렇지 않았습니다. 당시에 노예제도가 문제되기는 했습니다만, 도시국가 사람들은 의회에서 논쟁을 벌였습니다. 적어도 그들은 자신들이 이 세상에 존재하는 것은 인간의 문제를 해결하기 위함이라고 생각했던 것입니다. 그들은 자기들의 존재 이유가 사회적인 번영이나 물질적인 성취에 있다고 생각하지 않았습니다.

▶ 박사님께서는 40년 동안 이 일에 종사해 오면서 일이 몸에 배었습니다. 일에서 손을 떼고 은퇴하기가 어렵다고 생각됩니다.

사실 어려운 일입니다. 할 일이 지금도 너무나 많습니다. 의사의 일이란 끊임없는 모험의 연속입니다. 그 일에는 늘 우리들의 지식과 교육 그리고 생각이 필수적으로 포함됩니다. 또한 무한한 시간을 두고 기다리는 인내가 동반됩니다. 계속해서 우리의 능력을 개발해 나가야 합니다. 공장에서 일관된 작업(assembly-line work)을 할 때 우리 앞에 지나가는 작업대에 계속적으로 한 가지의 볼트만 조이면 되는 것과는 다른 일입니다. 이에 참여하는 사람들은 인간 자체가 아주 작아져서 마침내 여러 개의 로봇으로 변합니다. 그들에게 중요한 것은 경제이고 이권입니다. 인간을 간단히 기계의 노예로 전락시킵니다.

지금까지 인간이 하는 일의 개념을 사회적 통념에서 개인적으로 변화시키고 그 일의 의미를 인간에게서 찾으려는 노력이 새롭게 시도되었습니다. 개인의 노력과 헌신에 의해 사회가 형성되고 개인에 의해 사회의 성격이 변화됩니다.

▶ 성공적인 노년을 보내기 위해서 인간은 몇 세부터 이에 대비해야 합니까?

40세나 50세 정도에서 해야 한다고 생각합니다.

▶ 어떤 사람들은 이에 대한 준비를 하는데, 청년기에서부터 일찍 시작해야 한다고 말합니다.

맞습니다. 그러나 내가 얘기한 것은, 사람이 자가당착에 빠지지 않도록 하기 위함입니다. 예를 들자면, 한 심리학자가 18살이 된 숙녀에게 "당신은 앞으로 닥쳐올 노년기에 대해서 무엇을 준비하고 있습니까?"라고 질문을 하였습니다. 그녀의 대답은 "그 때가 되기 전에 죽어버렸으면 좋겠습니다."라는 것이었습니다. 18세의 청소년에게 있어서 그렇게 대답하는 것은 당연한 일입니다. 또 우리는 그보다 어린아이들에게 이와 같은 질문을 할 수는 없습니다. 사람들이 직업을 갖는 것은 살기 위한 것이지 노년기를 위한 것이 아닙니다. 그러나 인간은 일생을 사는 것이 곧 노년을 위한 준비를 하는 것입니다. 사람이 이 세상을 모험하며 사는 것도 그들의 노년기를 어떻게 하면 잘 보낼까 하는 생각에서이고, 그가 자신을 바쳐 희생적인 삶을 사는 것도 어떻게 보면 그의 인생을 행복하게 하기 위한 것입니다.

노년기는 한 인간이 일생동안을 살아 온 그의 삶의 한 결실입니다. 노년기는 인간의 진실이 나타나는 시기입니다. 우리의 일생이 충만함으로 가득 차 있느냐, 아니면 빈껍데기로 전락했느냐 하는 것을 가늠해 보는 시기입니다. 우리는 그 때 가서야 진정으로 어떤 목적과 동기로 일생을 살아왔는지를 알 수 있게 됩니다. 그가 나이를 먹어서 갑자기 일에서 떠나게 될 때, 그래도 그에게 아직도 계속 해야 할 일이 남아 있는가 하는 것입니다. 가족들을 부양하기 위해 일생을 살아왔다거나 일상적인 일에 시달리며 피동적으로 살아 왔다면, 그의 일생은 노년기에 거둘 것이 아무것도 없습니다. 여자에게 있어서 은퇴의 시기는 그의 마지막 아이가 결혼할 때입니다. 어머니로서의 그의 마지막 임무가 끝나기 때문입니다. 그 때 그녀에게 찾아오는 것은 그녀의 손자에 대한 집념 때문에 며느리와 겪게 되는 갈등뿐입니다.

▶ 내가 당신을 정확히 이해한다면 당신은 노년기를 위한 준비를 철저히 그리고 성공적으로 하는 사람입니다. 그것은 곧 자신의 삶을 의미 있게 살았음을 말해줍니다.

사람이 사는데 의미를 부여한다는 것은 참으로 중요한 일입니다. 그런데 그것은 우리가 준비하는 것이 아닙니다. 성공적인 인생을 살았다는 것은 그가 노년기를 잘 준비해서 얻어지는 것이 아닙니다. 그것은 그가 그의 삶에 어떤 의미를 갖고 살았느냐 하는데 있는 것입니다. 그리고 그의 인생의 의미가 노년기에도 계속 이어졌느냐 하는 것입니다. 우리 인생의 의미에 대해서 사회에 그 책임을 전가할 필요는 없습니다. 그들이 갖고 있는 상상력이나 창조성이 사회에 의해 외면당했다고 하여 불평할 이유도 없습니다.

　우리가 해야 할 일은 우리 자신이 그러한 사회를 변화시켜야 한다는 것입니다. 사회를 변화시키고 우리가 하는 일을 변화시키고 또한 우리 자신의 인간성까지도 변화시켜 나가야 합니다. 우리 생애에 의미를 부여하기 위해서 우리는 모든 것을 변화시켜야 합니다. 우리가 사는 사회가 황폐하여 아무 의미가 없다고 말한다거나 우리가 사는 사회에 모든 의미를 빼앗겼다고 말하기 전에, 우리는 나를 포함해서 우리 자신의 삶이 의미 있어야 합니다. 모든 것은 더 살기 좋게 변화될 것입니다. 우리 인생에서 삶의 의미를 상실한다면 우리는 비인간적인 인간으로 전락됩니다. 우리의 인생에서 가장 훌륭한 인생이라 한다면, 그것은 생의 의미를 일부러 만들지 않는 것입니다. 인생은 길가에 핀 한 포기의 이름 없는 꽃에 불과합니다.

▶ 노년기를 준비한다는 것은 우리 사회에서 표준적 교육을 받는 것을 의미합니까? 자본주의 사회에서 필수적 과정이며 계급 사회에서의 특권이기도 합니다. 은퇴 후의 인생을 준비하는 일이나 성

공적인 노년기를 준비하는 데 있어서 교육이 필수적인 선결요건이라고 생각하십니까?

사람들이 사회적 계급에 따라서 노년기를 맞는 모습이 다르다는 여러분의 의견에 나도 전적으로 동의합니다. 많은 사람들을 만나온 의사라서 더욱 공감을 합니다. 그러나 특권층이 아니라도 그가 문화에 대한 감각만 지니고 있다면 일생을 통하여 이를 잘 개발할 수 있습니다. 그들은 몰인정한 사회의 흐름에 역류하여 자신들을 지키고 개발해 가는 특수한 사람들입니다. 자신들의 개성을 풍부히 하며 이 세상에서 남이 보지 못하는 것을 발견하여 세상을 풍요롭게 합니다. 이것이 진정한 교육입니다. 그리고 사람들을 만족하게 하며, 인간과 세계와의 관계를 더욱 풍성하게 합니다.

인간은 비록 가난한 배경을 갖고 태어났더라도, 사회가 쳐 놓은 비정한 덫을 깨뜨리며 성공적인 삶을 살 수 있습니다. 비록 나이가 들어 노년에 이르더라도 계속 발전적 삶을 삽니다. 퇴보하지 않습니다. 그들이야말로 노년기를 성숙한 인생의 시기로 즐기며 보내게 됩니다. 그러나 이들에게도 교육은 필요합니다. 사람이 자기 일에 몰두하다보면 일생동안 읽고 싶은 책도 별로 읽지 못했을 것입니다. 그러나 은퇴하게 되면 그는 완전히 한가롭게 됩니다. 우리는 그들에게 책읽기를 권합니다. 책이야말로 아주 훌륭한 친구가 될 수 있습니다. 책방에 가서 책을 사서 천천히 읽어 내려갑니다. 과거에 시간에 쫓기어 직장으로 돌아가던 때와는 다르게 자신이 읽고 싶은 만큼 충분한 시간을 가질 수 있습니다.

▶ 사람이 직장을 가졌을 때에는 일에 지쳐서 독서를 한다거나 문화 행사에 참석하지 못했습니다. 하루에 8시간씩 땅 속 깊은 곳을 오르내려야 하는 광부나 공장 노동자들은 너무 힘에 지쳐서 저녁때가 되면 자기 개발의 시간을 가질 수가 없습니다.

예, 물론 그렇습니다. 그것은 우리 자신에게 달린 문제입니다. 어떤 사람들은 좋지 못한 환경 속에서 많은 것을 배우고 만족하게 살아가고 있습니다. 어떤 사람들은 세계 곳곳을 여행합니다. 그들은 휴가 갈 때도 어디든 갈 수 있습니다. 그만큼 경제적인 여유가 있습니다. 그러나 그들이 휴가에서 돌아올 때에는 영적으로나 지적으로 완전히 고갈된 상태에 있습니다. 아무것도 배운 것 없이 돌아옵니다.

어떤 사람들은 단 한 차례의 대화 중에서, TV 프로에서, 혹은 그의 삶 가운데서 새로운 것을 배울 수 있습니다. 노년기에도 우리는 큰 역할을 할 수 있습니다. 언제나 모험을 좋아하고 창조적인 삶을 산출해 내는 사람들은 노년기를 성공적으로 보낼 수 있습니다.

▶ 문화라는 말을 우리는 매우 제한적으로 사용해야 한다고 생각합니다. 매우 광범위한 분야에 걸쳐 적용되기 때문입니다. 어떤 면에서 보면 이는 우리 인간이 사물에 대해서 어떻게 반응을 하며, 행

동하는가에 달려 있습니다.

　우리는 너무 지식에 집착하여 생각하려는 선입관이 있습니다. 우리가 학교를 얼마나 다녔느냐에 따라 한 사람의 교양을 나타내 주는 표준이 됩니다. 이것이 사회적 성공의 기본 모델이요, 그러기에 그런 사람은 좋은 직장을 가지고 성공적인 인생을 살아가는 사람이 됩니다. 그러나 진정한 교육이란 성공적인 모델에 있는 것이 아닙니다. 훨씬 개별적인 인간성에 있는 것입니다. 우리는 사람들이 남이 모르게 자신을 교육하여 양식을 쌓아 가는 모습을 많이 봅니다. 그들은 자신들이 어떤 학위나 졸업장이 없기 때문에 자신이 문화인이 아니라고 생각합니다. 그러나 그들은 정말로 풍부한 인격을 갖춘 지식인이라 할 수 있습니다. 모든 예술은 문화에 속합니다. 또한 철학도 예외가 아닙니다. 그러나 모든 철학이 다 철학자들에게만 속해있는 것은 아닙니다. 이를 우리는 소위 '생활 철학'이라 부릅니다. 인간의 삶의 의미를 추구하는 철학이라 할 수 있습니다. 그것은 인간의 목마름(갈증)이 무엇인가를 발견하며, 참 문화가 무엇인가를 알게 해 줍니다.

　▶ 넓은 의미의 교양이라는 것이 은퇴 후의 행복한 생활을 위해서 필요한 요소라고 생각됩니다. 직업에서 은퇴할 나이인 65세쯤 되어 우리의 마음을 채워줄 또 다른 무엇이 있습니까?

　계속해서 우리가 교육을 받음으로써 이에 대한 이해가 깊어지리라 생각합니다. 어른들을 위해 개설된 저녁 프로그램은 새로운 환경에 대비하는 창조적인 아이디어를 제공합니다. 어렸을 때 우리는 공부하는 시간을 가지려 학교에서 많은 시간을 보냈지만, 이제는 우리의 생애 전체를 통해서 배울 수 있습니다. 인간의 일생이 곧 배움입니다. 배운다는 것은 지식의 습득만이 아니라 세상과의 관계를 어떻게 가지느냐를 배우는 실제적인 공부입니다. 은퇴한 사람이 은퇴 후의 삶에 대해서 공부하는 것은, 그가 일하기 위해서 기계에 대해 배우는 과정과 같습니다. 이것이 바로 그가 습득해야 할 교양이며, 우리가 지식적으로 공부하는 것과 조금도 다르지 않습니다.

▶ 박사님은 의사로서 75세입니다. 스스로 자신을 늙었다고 생각하십니까? 75세이면 아직 한참 때라고 말할 수 있습니다.

내 자신이 나이가 먹은 것은 사실입니다. 그러나 나는 계속 나의 삶이 발전하고 있다고 생각합니다. 나의 삶을 다시 변혁하여 재구성하며 해야 할 일을 보다 더 효율적으로 가치 있게 해 나가고 있습니다. 한편으로는 내가 의사이기 때문에 그렇게 할 수 있습니다. 의사는 꼭 몇 살에 은퇴해야 한다는 규정이 명시되어 있지 않습니다. 그들에게는 충분히 자신의 일을 계속할 특권이 부여되어 있습니다. 이 자리에서 자랑하려는 것이 아닙니다만, 나는 의사이면서 작가이고, 사회사업가입니다. 이 순간에도 나는 나의 인생을 다분히 모험적으로 살아 나가고 있습니다. 우리가 일생을 살고서야 하나의 책을 써서 사회에 내놓을 수가 있습니다. 그를 통해 우리는 새 인생에 도전할 수 있습니다.

우리의 시간이 더 허용되면 될수록 우리는 더욱더 새로운 도전에 응할 수 있습니다. 평소에 갈 수 없었던 지역에 여행을 한다든지 도서관을 찾는다든지 만나지 못했던 사람들을 만난다든지 하여 새 경험을 축적하고 그로 말미암아 자신의 생각을 좀 더 구체화시킬 수 있습니다. 이것이 사회와 사람들에게 유익을 줄 수 있고, 자신의 삶이 은퇴 후에도 계속 발전할 수 있게 합니다.

▶ 박사님께서는 아직도 교회에 많은 공헌을 할 수 있습니까?

나는 그렇게 해야 한다고 생각합니다. 그러한 특권을 가지고 있다고도 생각합니다. 나는 은퇴에 대한 책을 쓰도록 요청받고 있습니다. 그리고 그러한 책을 쓸 적당한 나이에 도달했습니다. 아무도 나에게서 나의 일을 하지 못하게 빼앗아갈 수 없습니다. 나 스스로 내 일을 구상하고 만들어 갑니다. 내가 할 수 있는 일보다도 더 많은 일들을 나는 하도록 요청받고 있습니다. 그러나 그것을 다 할 수 없어 안타깝습니다.

▶ 환자들과 대화할 때 나이 먹었다고 외면당하는 경우가 있습니까?

인간이 얼마나 생산적이냐에 따라서 삶을 평가하는 선입관이 있기 때문에 그렇게 생각합니다. 어떤 이유에서든지 노인을 무시해서는 안 됩니다. 인간은 인간이기 때문에 가치가 있습니다. 어떤 사람은 은퇴하고서 더욱 더 그 인생을 꽃 피우고 삽니다. 나는 실제로 나를 찾아오는 환자들에게서 그런 것을 발견합니다. 은퇴하기를 두려워하던 사람들도 새로운 인생의 지평선이 전개되는 것을 경험할 수 있습니다. 이 세상에는 그렇게 많은 제약이 있다고는 생각하지 않습니다. 직업에 얽매이고 일에 파묻혀 있던 자신이 모든 것에서 벗어나 새 자유를 마음껏 누릴 수 있습니다. 일에 노예가 되고 직장 상사에 얽매어 있던 이전의 삶보다 훨씬 더 충만한 삶을 살 수 있습니다.

▶ 비생산적이란 말은 서양 세계에서 나온 말입니다. 일본 같은 경우는 이런 언어 자체가 없습니다. 오히려 노인들이 더 매력적이고 존경받고 있습니다.

그것은 암흑의 대륙이라 일컫는 아프리카에서도 마찬가지입니다. 그리고 고대 사회에서도 그랬습니다. 다만 산업사회로의 혁명이 있은 후 변했습니다. 마르크스주의 사회에서나 자본주의 사회에서도 마찬가지로 일에 대해서는 한없는 영광을 돌리고 하나님과 같이 여깁니다. 그래서 일(working)이 인간을 잡아먹는 현대판 몰록(神, Molock of a god)이 됩니다.

▶ 지금도 우리는 꿈이 있습니다. 노인이 갖는 꿈은 어떤 것입니까?

여러분이 아시다시피 1968년 5월 학생들이 일어나서 '우리의 상상력으로!'라는 구호를 외치며 데모를 한 적이 있습니다. 오직 상품의 생산력을 높이는 것만이 제일의 가치라고 여기는 사회 풍조에 대한 반항이었습니다. 이를 과소평가해서는 안 됩니다. 그것이 우리에게 번영을 가져왔기 때문입니다. 그러한 번영과 발전 없이는 우리가 편안한 은퇴를 맞이할 수 없습니다. 어떤 사람은 평생을 광산에서 광부로 일하다 은퇴하는 날, 자기를 매일 깨워주던 괘종시계를 부셨다고 합니다. 우리의 은퇴가, 우리를 그렇게 만들었던 기계를 부셔버림으로써 새롭게 이루어지지는 않습니다. 우리의 은퇴는 다만, 자신을 자유롭게 하는 데 그 목적이 있습니다.

미국의 작가인 데이비드 리스만(David Riesman)은 인간의 번영에 대해서 의문을 나타냈습니다. 그것이 누구를 위한 번영이냐는 것입니다. 이 사회가 잘 조직되고 발전하였다고 하지만 오히려 우리의 아이들을 말살하고 삼켜버리는 사회를 만들지 않았냐는 것입니다. 인간에게 있어서 유일하게 필요한 것은 '인간의 개발'입니다. 인간에게 있어서 발전되어야 할 것은, 인간이 하는 그의 일이 아니라 인간의 영혼이며 인간의 내적인 모습입니다.

▶ 오늘 저녁 우리 프로그램에서 손님으로 모신 분은 아주 저명한

인사입니다. 폴 투르니에 박사입니다. 독일인 작가이며 노인 문제의 전문가입니다. 특히 미국에서 널리 알려졌습니다. 영광스럽게도 미국에서 그의 중요한 저서가 막 출판되어 나왔습니다. 그 책에는 철학계, 사회학계, 과학계, 그리고 의학계 등 각계각층의 전문가 40여 명의 글도 같이 실려 있습니다.

인간이 노년기에 이른다는 것은, 이제 그가 무가치한 존재가 된다는 것이 아닙니다. 지금까지 쌓아온 모든 권위와 자존을 다 합하여 이제는 진실로 자신을 위하여 자신에게 투자하는 시기가 되었음을 알리는 시기입니다. 노인이 된다고 해서 주름진 빈 가죽만 남는 모습이 아니라는 말입니다.

▶ 늙는다는 것은 하나의 단계이지 병이 아닙니다.

그렇습니다. 늙는다는 것은 병이 아닙니다. 젊음이 병이 아니라고 말하는 것과 같습니다. 어릴 때, 아이들에게 잘 걸리는 병이 있습니다. 노인에게 있어서도 걸리기 쉬운 병이 있습니다. 청각이 둔해진다거나 시력이 나빠진다거나 하는 것들입니다. 이것은 의학적인 문제입니다. 우리 의사들이 다루어야 할 문제들입니다. 그러므로 여러분이 나에게 질문한 노인문제는 병에 관한 것이 아닙니다. 늙는다는 것은 병이 아니라 인생의 한 과정이며 현상입니다.

인간에게는 각기 어린이의 단계, 어른의 단계 그리고 노인의 단계가 있습니다. 또한 인생의 지평선에는 반드시 꿈의 단계와 성취의 단계가 있습니다. 이스라엘 백성이 가나안에 들어가는 단계가 있었듯이 인생에 있어서도 그러한 꿈의 단계가 있습니다. 그것이 바로 인생의 가장 명예로운 노년기입니다. 우리는 이 시기를 재충전의 시기로 보아야 합니다. 노인들은 스스로 자신에 대해서 자신들의 삶의 일부분을 장식하는 존재로 생각해야 합니다. 자신을 사회의 유력한 시민의 한 사람으로 생각해야 할 시기입니다.

▶ 노인들에 대해서 누가 합당한 교육을 시킬 수 있습니까? 그들이 실제로 사회와 가정에서 중요한 역할을 하도록 훈련시키며, 그들 스스로 위대한 삶의 시기에 이르렀다는 사실을 깨우쳐 주어야 합니다. 오늘의 현실은 젊은이와 노년을 연결하고 세대와 세대를 연결하는 진정한 이해가 부족합니다.

사실입니다. 노인들을 쓸모없는 존재로 경시하는 풍조가 있습니다. 아이들이나 노인들이 다 같이 그들의 진정한 가치를 인정받지 못하는 시대입니다. 인간으로서의 진정한 가치를 상실하고 있습니다. 관념적인 사회 통념에 의해 노인들은 스스로 자취를 감추고 사회 전면에서 소외되고 있습니다. 그들은 다만 초점 없는 눈으로 허공을 바라볼 뿐입니다. 완전히 단절된 상태에 있으며, 손발이 잘려나간 상태입니다. 식당에 들어간다 하더라도 한쪽 모퉁이 어두운 곳에 모여 있습니다. 지금 일을 마치고 들어온 사람들과는 완전히 구별됩니다. 그들은 할 말도 많고 당당합니다. 그들이야말로 삶의 일부분이요 생동하고 있습니다. 그들은 한쪽 그늘진 곳에 버려져 있는 노인들에게 전혀 관심이 없습니다.

그래서 노인들은 아웃사이더(outsider)이고 일하고 있는 이들은 인사이더(insider)입니다. 그들 사이에는 큰 벽이 있습니다. 지나간 세대들의 영역이 따로 있고, 이제 활동하는 세대들의 영역이 따로 있습니다. 노인들을 이 사회의 가장 분주한 곳에 끌어들여 재통합시키는 노력이 절실히 요청됩니다. 우리는 이를 위해 한 사람, 한 사람 혹은 집단과 집단으로 젊은이와 노인들을 이어주는 관계성의 재정립이 필요합니다.

▶ **이를 추진할 수 있는 주체는 젊은 사람이어야 합니까, 아니면 노인이어야 합니까?**

나는 노인들에 대해서 글을 써달라는 부탁을 받았습니다. 그러나 나는 노인들에 대해서 쓰지 않고, 젊은이들에 대해서 글을 써주었습니다. 나는 젊은이들에게 "노인들에 대해서 알려고 노력하라."고 말했습니다. 노인들에게서 많은 것을 배울 수 있기 때문입니다.

과거에는 노인들이 우리 가족의 일원이었습니다. 그러나 세대가 변해서 삶의 스타일도 많이 바뀌었습니다. 가족이 소가족 단위로 이루어져 아이들이 전혀 노인들에 대해 모르는 채 자랍니다. 그것이 아이들 교육에 공백을 안겨주고 인격 성장에 장애를 줍니다. 옛날의 할머니들은 과거 태곳적 전설을 아이들에게 가르쳐주고, 어려서 배운 노래를 자신의 손자 손녀들에게 들려주었습니다.

그러나 오늘날에는 그러한 모습이 사라졌습니다. 노인들은 따로 살고 아이들은 특별한 때라야 형식적으로 노인들을 방문합니다. 그들은 서로 만나지만 대화가 없습니다. 특별히 통하는 관심거리가 없습니다. 몇 개의 과자가 놓인 채로 그들은 손도 대지 않고 자리에서 일어납니다. 그것이 만남의 끝입니다. 여기서 무슨 진정성 있는 대화가 있겠습니까? 사실 노인들과 자녀들 사이에는 할 이야기들이 많은데 말입니다.

아이들이 자라나 18세가 되면, 그들은 인간 삶의 의미가 무엇인지에 대해서 떠들어댑니다. 인생에 대해서 장황하게 늘어놓으며 자기 부모들의 삶의 모습을 비판하기 시작합니다. "나는 우리 부모님처럼 일에 얽매여 살지는 않을 것이다. 그것은 노예의 삶이지, 사람의 삶이 아니다. 인간의 삶은 그렇게 틀에 박혀 있어서는 안 된다."라고 큰 소리를 칩니다. 그리고 자신들은 절대로 그렇게 살지 않겠다고 말합니다. 그렇게 열정적으로 삶의 의미에 대해서 외치던 그들도 결혼을 하게 되면 일상생활에 얽매이게 됩니다.

그들 역시, 자신들이 비판하던 부모님들의 삶의 모습을 그대로 답습하게 됩니다. 그들은 일하는 기계요, 인생의 로봇입니다. 그들의 자녀들은 병이 나고 자신들은 라이벌(rivals)로 인해 계속해서 스트레스를 받으며 삽니다. 결국 그들의 인생은 목적 없이 떠

돌아다니는 부평초와 같습니다. 아무런 의미를 찾을 수 없습니다.

중년에 이른 사람들을 찾아가 자신들의 삶이 무슨 의미가 있는지 물어보면 그런 것은 철학가들에게나 물어보라고 할 것입니다. 자신은 인생의 의미에 대해 생각할 시간적 여유가 없다고 할 것입니다. "나는 나의 직업과 내 가족에 대한 생각만으로도 벅찹니다. 인생의 의미요? 그런 것은 일 없이 빈둥거리는 사람들에게나 해당됩니다."라고 할 것입니다. 그러다가 그들은 곧 늙게 될 것이고, 어느새 은퇴할 나이에 이릅니다.

그제야 그들은 갑자기 인생에 대해서 한꺼번에 여러 생각을 하게 됩니다. "과연 우리의 인생이란 어떤 의미가 있는 것일까?" 또는 "우리의 인생은 돌고 도는 기계와 같은 것이 아닐까? 이 세상이 우리를 허수아비로 만들고, 우리를 속아 살게 했던 것은 아닐까?…." 어떤 이유에서든지 갑자기 그들이 일자리에서 물러나게 되고, 얽매임 없이 자유로워질 때 그들은 이제부터 어떻게 해야 하는지 당황하게 됩니다. 그들에게 갑자기 불어 닥친 자유가 오히려 그들을 무기력하게 만들고 삶을 포기하게 만듭니다.

▶ 그렇다면 인간이 늙는 데에도 일정하게 배우고 연구해야 할 과정이 있어야 합니까?

그렇습니다. 적당한 때에 시작할 준비를 해야 합니다. 이것이 노년학(老年學)입니다. 분명히 노년학에 대한 근거와 배경이 있습니다. 노년학은 미국에서 처음 시작되었습니다. 그리고 유럽으로 퍼져 나갔습니다. 현재에는 각계각층 여러 방면에서 이에 대한 요구가 많이 있습니다. 특히 상업 방면이나 산업계에서 이러한 현상이 두드러집니다. 회사에서는 은퇴할 사람들을 모아놓고 그들의 문제점을 해결해 주는 프로그램을 운영합니다. 퇴직하기 5년 전부터 하는데 오히려 늦은 감이 있습니다. 사람들은 "후에 생각하지!"라고 하면서 이에 대한 준비를 미루고 있습니다. 그러나 점점 미루다 보면 아주 늦어지고 맙니다.

또한 각자 개인 개인의 상황에 따라 그 시기가 달라집니다. 나비 채집을 한다든가 우표 수집을 한다든지 하여 노년기를 아주 풍성하게 잘 보낼 수 있습니다. 그러나 열심히 일에만 몰두하는 사람들은 그들이 직업에 충실했던 만큼, 퇴직 시기에 이를 때 더 큰 위기에 직면하게 됩니다. 그래서 많은 사람들이 퇴직하고 난 얼마 후에 죽음을 맞게 됩니다. 조사에 의하면 이들 대부분이 아주 훌륭한 직장인들이었다고 합니다. 우리가 깨달아야 할 사실은 인간의 삶이란, 그 인간이 살아가는 직업 이상으로 중요하다는 사실을 인지하는 일입니다.

▶ 퇴직할 때 한 발 뒤로 물러앉아 편안하게 지낸다면, 그것이 노인들에게 해가 된다고 생각하십니까?

편안하게 지내는 것은 물론 젊은이들에게도 해롭지만 노인들에게는 훨씬 더 해롭습니다.

▶ 많은 사람들은 퇴직할 때 편안히 지내야 할 권리가 있다고 생각합니다.

예, 물론 그렇습니다. 사회학자들이 조사 보고한 연구 자료들을 접할 기회가 있습니다. 노인들이 사는 가정을 방문하면, 아침부터 밤늦게까지 아무 일도 하지 않고 무료하게 지내는 것을 보게 된다고 합니다. 그래서 그들에게 시간을 허비하는 것에 대해 물었을 때, "나는 일생 동안 노예와 같이 얽매여 지냈으니, 이제는 쉴 권리가 있지 않느냐?"고 답한다고 합니다. 이러한 반응이 어디서 나오는가 하면 '퇴직이 곧 쉼'이라는 인식에서 비롯된 것입니다. 그러나 퇴직이 곧 쉼이라는 등식은 성립되지 않습니다. 평소에 관심이 있었지만, 사회생활에 쫓겨 하지 못했던 일들을 새롭게 시작하는 기회로 삼아야 합니다. 다시 말하면, 새로운 생각에 의한 순수한 마음으로, 자기 인생을 스스로 이끌어 갈 수 있는 시기가 되었다는 것입니다. 일의 족쇄에 매여 있다가, 일에서 벗어나 자유로운 사람이 되는 것입니다. 그것이 바로 제2의 인생을 시작하라고 말하는 이유입니다.

가장 성공적인 인생을 산 사람은 퇴직한 후에도 무언가 새로운 일을 시작하는 사람입니다. 단순한 취미 생활을 의미하는 것이 아닙니다. 그러한 것들은 다만 시간을 보내기 위한 수단에 불과하기 때문입니다. 노인들에게는 그 이상의 의미가 주어져야 합니다. 매력적이고 열정적이어야 합니다. 예를 들면, 외국어를 배우기 시작하는 것입니다. 단순히 언어만을 습득하는 것이 아니라 그들의 문화를 배우게 되고, 자신과는 전혀 다른 방법으로 생각하는 사람들과 만나게 됩니다. 퇴직 후에 이러한 일들을 하면, 그 일에 대해 생각을 하게 되고 계획을 세우게 됩니다.

세상은 인간이 자체적으로 무엇을 하는 것을 방해하며 저지해 왔습니다. 학교에서는 아이들이 꿈을 꾸고 신비한 이상을 말하면 회초리를 들어 종아리를 때립니다. 수다스럽다는 것입니다. 사회에 나가 직장을 갖게 되면 훌륭한 직장인이 되기 위해서, 다음 주일에 무엇을 할 것인가를 꿈꾸지 않아야 합니다. 다만 지시에 따라 주어진 일에만 전념해야 합니다. 학교에서는 선생님이 무엇을 하라고 말씀하시면 그대로 해야 훌륭한 학생이 되고, 사회에서는 상사의 마음에 드는 일에만 열중해야 되는 것입니다. 그러나 일단 퇴직을 하게 되면 완전히 자유로워져서 마치 어린아이가 장난감을 갖고 병정놀이하는 것처럼 풍부한 상상력으로 제2의 인생을 다시 시작할 수 있습니다.

▶ 노년기는 건전한 삶을 사는 시기가 되어야지 병들어 사는 시기가 되어서는 안 됩니다. 우리가 늙어서 무엇을 생각하느냐가 중요합니다. 어떤 사람은 이제 와서 자신의 결혼생활을 후회하기도 합니다.

노인들 중에 과거로 돌아가려는 사람들이 많이 있습니다. 살아온 생애를 돌아다보며 불평으로 노년기를 보냅니다. "만일에 그들이 내 인생을 그렇게 구겨 놓지 않았다면 지금의 나는 훨씬 달라져 있을 텐데…"라는 식으로 불평합니다. 모든 잘못을 다른 사람의 탓으로 돌립니다. 그러나 반대로 미래 지향적인 사람들도 있습니다. 노인이 되어서 행복하게 사는 사람들은 내일을 위한 계획을 갖고 있는 사람들입니다. 그들은 30년 전의 일들에 대해 결코 불평하지 않습니다.

▶ 노년학을 공부하는 것이 곧 죽음에 대해서 공부하는 것과 같다고 할 수 있습니까?

죽음이란 역시 미래의 일입니다. 우리는 죽음에 대하여 타부시하는 고정 관념을 벗어 버려야 합니다. 문명사회에서는 죽음을 개인적인 일로 다루고 있습니다. 일본 사람들이나 고대인들 사이에서는 죽음에 대해 그렇게 두드러지게 생각하지 않았습니다. 삶의 한 부분으로 생각하고, 타부(taboo)시하지 않았습니다. 그러므로 죽음을 하나의 자연 현상으로 받아들였습니다. 오늘날의 죽음에 대한 이해는 의학의 발달로 그 대가를 치르고 있습니다. 사람들은 자신들이 건강해야 할 권리가 있다고 생각합니다. 그러므로 자신은 죽지 않아야 할 권리도 있다고 생각합니다. 우리의 삶은 그 안에 죽음도 포함된다는 사실을 이해해야 합니다. 실제로 죽음은 우리 삶의 한 부분이며 한 번 거쳐 가야 할 과정입니다.

나의 미국 친구인 엘리자베스 퀴블러-로스 박사(Dr. Elisabeth

Kubler-Ross)는 원래 스위스 사람입니다. 그는 죽어가는 사람들과 대화하는 것이 그의 사명이라고 생각합니다. 참으로 감동적인 일을 하는 분입니다. 그분은 병원으로 찾아가서 죽어가는 사람들과 대화를 합니다. 그의 결론은 "그들이 아무 말도 하지 않는다."는 것입니다. 죽어가는 사람들 수백 명을 만나 인터뷰를 했어도, 그들은 모두 한결같이 아무하고도 말을 하려 하지 않는다는 것입니다. 그것이 죽어가는 사람들의 공통적인 모습입니다. 예를 들면, 죽어가는 한 환자를 만났는데 그의 부인은 자신에게 암에 걸렸다는 말을 하지 않았다는 것입니다. 의사도 물론, 이에 대해 말을 하지 않았습니다. 그러나 엘리자베스 박사가 다가가자 환자는 자신이 암에 걸렸다는 말을 했다고 합니다. 의사나 가족들은 환자가 어려워 할까봐 진실을 말하지 않습니다. 그렇게 해서 환자는 홀로 고독하게 죽어가는 것입니다.

▶ 종교에서는 죽음에 대해 어떻게 대처합니까?

종교라고요? 종교는 죽음의 순간이 닥쳐오기도 전에 아주 일찍부터 환자와 죽음에 대해 규정해 놓고 있습니다. "병은 악마다." 그러므로 병든 사람을 악귀 들린 사람으로 취급하지요…. 악마가 물러가고 수도승(僧)이 대신 자리 잡아야 한다고 합니다. 인간으로서 더 이상의 의학적 노력이 불가능할 때, 종교를 마지막 위로의 수단으로 생각합니다. 그러나 종교는 그것에 그치지 않습니다.

참 종교는 전 생애를 통해 하나님과 함께 하는 삶을 말합니다. 어린아이로부터, 가정생활, 직장생활 그리고 모든 사회생활에 있어서 하나님과 함께 하는 삶을 의미합니다. 하나님께 삶을 연관시킬 때에만 이 우리의 삶은 의미가 있고, 그렇게 살수록 인격이 원숙해지며 나이가 들어서는 올바른 삶의 방향을 제시해 놓습니다.

▶ 박사님께서는 분명한 노년 철학을 갖고 계십니다. 자신에게 어떤 열정이 있다고 보십니까?

나는 평생 언제나 새롭게 출발하는 마음으로 살아왔습니다. 신선함이 내 생활을 지배해 왔다고 해도 과언이 아닙니다. 인간은 쉽게 일상생활의 습관적 반복에 익숙해 있습니다. 그러나 우리의 가장 큰 적은, 바로 이와 같은 생활의 일상화입니다. 이것이 우리의 삶을 방해하고 고정화시킵니다. 나의 인생은 늘 신선한 출발이 되기 위한 노력이었습니다. 그리고 계속해서 변화해 왔습니다. 처음에는 사회사업에 생애의 초점을 맞추었고, 그 다음에는 기독교 신앙으로 빠져들었습니다. 나는 이 신앙을 의학에 적용하였습니다. 의학계에 많은 변화와 발전을 시도했습니다. 이제는 젊은이들이 이 자리를 이어받아야 합니다.

내 인생은 설교자로, 가르치는 자로, 그리고 작가로 다시 태어나고 또 다시 태어났습니다. 나는 지금 막, 《삶의 모험(*The Adventure of Living*)》이란 책을 완성했습니다. 인생에 있어서 마지막 모험이란 없습니다. 우리는 언제나 이번이 마지막이라고 말하며 살지만, 바로 그 때가 새로운 모험이 시작되는 때입니다. 새로운 모험의 기회가 우리 앞에 언제나 펼쳐져 있습니다. 그 모험을 나의 것으로 받아들여 새 인생의 꿈을 펼쳐 나가는 것이 바로 우리의 삶입니다.

10

내 인생에 기본 요소
- 독일에서 개최된 심포지엄에서의 강연을 1983년에 출판한 것 -

 내 인생에 있어서 가장 큰 사건은 어머니께서 돌아가신 일이었습니다. 아버지는 벌써 돌아가셨고, 이미 이 세상에 계시지 않았습니다. 내가 세상에 태어났을 때, 아버지의 나이 70세였고 나를 본지 두 달 만에 세상을 떠나셨습니다. 낯선 사람의 팔에 안긴 한 아이는 자기 아버지의 죽음을 알지 못했습니다. 그 아이는 점차 주위 사람들을 한 사람 한 사람 알아보려 했습니다. 그러나 사람들은 그 아이가 아무것도 느끼지 못하며, 알지 못한다고 생각했습니다. 더구나 그의 어머니가 돌아가셨을 때에는 형편이 더욱 나빠졌습니다.
 나는 어머니와 나의 관계가 얼마나 밀접하였는가를 잘 알고 있습니다. 어머니가 나를 얼마나 귀여워했는지를 나이 많은 남편으로부터 물려받은 아이를 얼마나 측은히 여겼는지를…. 나는 아버지의 모든 것이 어머니에게 있는 것이라고 생각했습니다.

어머님은 불치병에 걸렸습니다. 수술을 계속 했으나 회복하지 못하고 돌아가셨습니다. 여섯 살이었던 나에게는 말할 수 없는 큰 충격이었습니다. 사람들은 네 살이나 그 이전까지의 일도 기억할 수 있다고 말하지만, 여섯 살 된 내게는 어머니에 대한 어떠한 기억도 남아 있지 않습니다. 다만 내가 지금 기억할 수 있는 것은, 내가 어머님이 누워 계신 침대로 들려갔던 사실입니다. 마치 안개에 휩싸여 있는 것 같은 기억입니다. 이 충격으로 인해 어머니에 대한 나의 모든 생각은 무의식의 세계로 사라졌습니다. 분명히 남아 있는 한 가지 기억은 나와 내 누이가 외삼촌 댁으로 보내졌다는 사실입니다. 우리는 그 곳에서 살게 되었습니다. 어린 나는 어머니 집으로 다시 돌아가게 해 달라고 졸랐습니다.

외삼촌과 아주머니는 아주 훌륭한 사람이었습니다. 관대하고 모범적이고…, 우리를 잘 돌봐주셨습니다. 그러나 내 마음은 완전히 깨어져 있었습니다. 내 영은 영원한 고독 속에 감추어졌습니다. 다른 아이들과 전혀 교제를 나눌 수 없었습니다. 고아 심리학자인 피에르 렌치니크 박사(Dr. Pierre Rentchnick)는 "고아는 자신을, 이 세상에 그 누구를 위해서도 존재할 가치가 없는 사람으로 생각한다."라고 했습니다.

인간이 존재할 의미가 없다는 것은 어떤 권리도 가질 수 없다는 것을 의미합니다. 그러므로 나는 모든 것에 대해 빚을 지고 있는 사람입니다. 지금도 사람들로부터 선물을 받으면, 정말로 어떻게 해야 할지 몰라 당황하곤 합니다. 그래서 남의 호의를 받아들이기가 어렵습니다. 이 세상에 나를 위해서 존재하는 것은 아무것도 없다고 생각했기 때문입니다. 나 스스로 살아야 했습니다. 이런 성격이 나로 하여금 어려움이 닥쳐왔을 때, 그 어려움에서 살아남을 수 있게 해주었습니다. 아무것도 없는 황무지에서 생존하기 위해 내 안에 있는 모든 재원을 끌어내야 했습니다. 정신적으로도 마찬가지였습니다. 많은 책을 썼지만 그것이 나의 지식에 전혀 도움이 되지 못했습니다. 모두 나의 생애를 극복하려는 노동일뿐이었습니다.

어렸을 때 죽음과 접해 본 경험이 내 인생의 삶을 심각하게 만들었습니다. 사람들은 죽음에 대한 생각을 잊으려고 합니다. 적어도 우리 서양 세계에서는 그렇습니다. 그러나 내게 있어서의 죽음은 항상 현존하는 사실입니다. 비록 내가 그에 대한 생각을 하지 않는다 하더라도 무의식적으로 나를 떠나지 않습니다. 8년 전에도 이를 경험했습니다. 아내가 죽은 것입니다. 내 인생은 두 가지로 가득 찼습니다. 하나는 죽음과 직면한 한없는 슬픔이었고, 다른 하나는 기다림이었습니다. 하늘나라에서 부모님과 다시 만나기를 기대하며 기다리고 있는데, 아내의 죽음 역시, 나로 하여금 저 세상과의 인연의 줄을 하나 더 만들어 놓았습니다.

우리 부부는 그녀가 임종하는 순간까지, 아무 거리낌 없이 죽음에 대한 대화를 나누었습니다. 아테네에 있는 미국 사람들에게 강의 할 일이 있어서, 그곳에 머물러 있을 때의 일이었습니다. 아내는 관상동맥혈전증에 걸려 있었고, 수술 후유증으로 고통 받고 있었습니다. 한 달 동안이나 병원에 입원해 있으면서, 우리는 참으로 오래 만에 함께 시간을 보낼 수 있었습니다. 아내는 자신의 병이 얼마나 심각한지에 대해서 잘 알고 있었습니다. 관상동맥에 대한 전문의는 나를 자기 집에 초대하여 아내의 상태가 얼마나 나쁜지에 대해 말해 주었습니다. 나는 곧, 이를 아내에게 말하고 같이 의논했습니다.

아내는 자신이 죽음에 이를지도 모른다는 사실을 알고 있었습니다. 어느 날 갑자기, 그녀는 지난달에 자신이 심장마비로 죽지 않은 것이 다행한 일이었다고 말했습니다. 그것이 그녀의 마지막이 되는 날이었습니다. 그녀는 계속 말했습니다.

"그리스 친구들이 참 좋은 일을 했어요. 그들이 당신을 구원해 주었잖아요. 당신은 전에 그리스에서 강의하고 싶어했지요?"

"그래, 물론 그랬지…. 우리가 무사히 다시 제네바로 돌아가 아이들과 손자들을 볼 수 있었으면…."

아내는 잠시 침묵하더니, "만일 내가 지금 죽으면 곧 하늘에 있게 될 것이고, 당신의 부모님을 만나 뵙게 될 거예요."라고 말했습니다. 나는 무척 감동하여 대답했습니다.

"맞아요. 당신이 하늘에 도착하면 내 양친께서 당신에게 감사할 것이요. 그 동안 당신들의 아들에게 아내가 되어 준 것에 대해서 말이요."

그것이 마지막이었습니다. 잠시 후, 그녀는 내 손을 자신의 가슴에 올려놓고 말했습니다.

"바로 그거예요."

"확실해?"

"예."

그리고 그녀는 죽었습니다.

죽음과 접하며 어린 시절을 보낸 것이, 나 자신의 인생을 이끌어 가는데 중대한 역할을 했습니다. 내 나이 열두 살쯤 되었을 때, 두 가지 큰 사건이 일어났습니다.

그 첫 번째는, 나 자신을 주 예수님께 바친 일이었습니다. 물론 당시에는 그것이 얼마나 중요한 결정이란 사실을 제대로 알지 못했습니다. 나는 이 사실을 당시에 아무에게도 말하지 않았습니다. 그러나 예수님께서는 부족한 나를 인도하셔서 그러한 결정이 무엇을 의미하는지를 알게 하셨습니다.

두 번째 결정은 사명감에 대한 것이었습니다. 학교에 다닐 때 유일하게 성적이 좋은 과목은 수학이었습니다. 그러나 나는 스스로에게 자문해 보았습니다. "수학자는 잘 모르기는 해도 '세상의 고난(the suffering of World)'에 대해서 별로 할 일이 없을 것이다. 다른 사람을 위해 봉사하는 일로 나의 사명을 삼아야겠다. 그러기 위해서는 의사가 되어야지!"라고 생각했습니다. 물론 지금은 수학자들도 의사만큼이나 세상에 유용한 사람들이라는 것을 알고 있습니다.

내가 심리학을 배운 것은 훨씬 후의 일이었습니다. 그 때 나는 의사가 되겠다는 결심이, 내 부모님의 죽음과 밀접히 연관되어 있다는 사실을 알게 되었습니다. 의사가 잘 했다면 그분들이 돌아가시지 않았으리라고 생각했던 것입니다. 내 삶을 상실케 하고, 나 자신을 세상과 등지게 한 대상이 바로 '죽음'이라는 것이었습니다. 그 당시에 나는 의사를 바로 죽음의 해결자로 생각했던 것입니다. 그리고 30년이 지난 지금도, 내가 처음 가졌던 소신에 변함이 없습니다.

이러한 두 방향의 인생행로가 나로 하여금 특별한 의미를 지니게 했습니다. 인간의 육체적인 병과 정신적인 병까지 고치는 의학을 하게 된 것입니다. 정신적인 병은 믿음으로, 육체적인 병은 대학에서 배운 기술로 해결하였습니다.

나의 삶에는 자유가 필요했습니다. 사실 나는 어려서 누구와 말하기를 두려워했습니다. 비사교적인 고아였지요. 내 생애 두 번의 전환기를 통해서 이 문제가 극복되었습니다. 그 첫 번째는 열여섯 살 때였습니다. 중학생이었던 당시, 고전과목 선생님께서는 나를 주시하기 시작했습니다. 내게서 다른 사람과 맺는 인간관계가 전혀 없다는 사실을 발견했기 때문입니다. 그는 나를 자기 집으로 초대하였습니다. 나를 가르치기 위해서가 아니라, 인간 대 인간으로서의 대화를 나누기 위해서였습니다.

나는 그분의 도움으로 삶의 의미를 발견하였습니다. 그는 그리스어를 가르치는 교사로서가 아니라, 일반적인 보통 사람으로 내 앞에 나타났던 것입니다. 내게 참으로 큰 전환점을 가져다 준 경험이었습니다. 다른 사람들과 정상적으로 사귀고 대화함으로써 새로운 지적인 세계에 도달할 수 있었습니다. 나는 비로소 나의 의견을 말할 수가 있었고, 사람들과 토론도 할 수 있었습니다. 그래서 의학공부를 마칠 수 있었습니다. 세상 모든 일들에 대해 관심을 가질 수 있었습니다. 연극이라든지, 문학이라든지, 정치라든지, 법률이라든지….

1차 세계 대전이 일어났습니다. 러시아에서는 대 혁명이 일어났습니다. 19세기의 모 든 낙관주의는 무너져 버렸고, 사람들은 이를 재건하기 위해 안간힘을 썼습니다. 전쟁의 희생물인 고아들 문제, 어린이 구호단체, 적십자 단체 그리고 교회들….

내게는 또한 제2의 단계가 필요했습니다. 공식석상에서는 연설을 아주 잘했지만, 개별적인 대화에서는 그렇지를 못했습니다. 학생들과의 모임을 끝내고 나오는데, 한 친구가 "알고 보니 당신은 고아였더군!"이라고 말하였습니다. 아무 말도 할 수 없었습니다. 목에서부터 무언가 큰 덩어리가 치밀어 오르는 것 같았고, 눈에는 눈물로 가득 찼습니다. 나는 어두운 밖으로 뛰쳐나갔습니다. 내가 다른 사람들과 대화의 문을 연 것은 단지 지적인 면에만 국한된 것이었습니다. 감정과 열정, 그리고 마음의 문제들은 여전히 굳게 닫혀 있어서 다른 사람들과 자연스러운 교제를 나눌 수가 없었습니다. 지적이고 물질적이고 과학적인 요소는 우리 인간성의 부성적(父性的)인 면에 속해 있고, 기타의 나머지 요소들은 모성적(母性的)인 면에 속해 있습니다. 지금까지 나는 아버지의 죽음으로부터는 해방되어 있었으나, 어머니의 죽음으로부터는 그렇지 못했던 것입니다.

교회 내에서 내가 한 일이란 정통주의와 자유주의 사이에서, 교회와 이념에 대한 논쟁에 열심히 가담하는 일뿐이었습니다. 개인적인 경건 생활과 교회에서의 활동은 판이하게 달랐습니다. 신앙과 삶에서 언행일치가 되지 않았습니다. 어떻게 기도해야 할지도 알지 못했습니다. 아내를 사랑하고, 그녀와 잘 지내고 있었지만 신앙인으로서 어떻게, 어떤 모습으로 살아야 하는지를 잘 몰랐습니다. 내가 아내에게 하는 일이란 그녀를 가르치는 일뿐이었습니다. 가르치고 설교하려 했습니다. 그러나 그녀에게 나의 감정을 말한다거나 느낌을 표현한다거나 하는 일은 하지 않았습니다. 여자(아내)는 남자의 이런 표현을 가장 바라고 있는데 말입니다.

언젠가 아내와 함께 조용한 시간을 가졌습니다. 우리는 마음을 털어놓기 시작했습니다. 아내는 나에게, "당신은 나의 선생님이고, 의사이며, 또한 목사이시죠. 그렇지만 나의 남편은 아니에요."라고 말하였습니다. 나의 가슴은 멍했습니다. 큰 구멍이 나는 것 같았습니다. 아내는 나의 문제가 무엇인지를 분명하게 지적한 것입니다. 인간의 생각이란 한 사람에게서 다른 사람에게로 옮겨지는 물건과도 같은 것입니다. 인간의 사상은 비인간적일 수도 있습니다. 그러나 감정은 다릅니다. 인간의 감정이나 느낌은 참으로 인간적인 그 자체입니다.

  조용한 시간, 나눔의 시간을 계속 가짐으로써 나는 아내와의 관계를 변화시켜 나갔습니다. 아내뿐만 아니라 다른 사람들과의 관계도 개선되어 갔습니다. 특히 다행한 일은, 병원을 찾아오는 환자들과의 관계가 새로워졌다는 사실입니다. 나는 8년 동안 환자들을 상대로 의료활동을 해왔습니다. 그들을 잘 안다고 예상했던 것과는 달리, 그들은 나에게 비밀을 가지고 있었습니다. 과거에는 나를 믿지 않았다는 것입니다. 지금에 와서 말하기를, 내가 자신들을 환자로 보지 않고 한 인간으로 대해 주었다고 했습니다.

  나는 옥스퍼드그룹(Oxford Group)이라 불리는 한 종교 운동 단체를 알게 되었습니다. 그 운동이 처음 시작된 대학교에 다니고 있었기 때문입니다. 이 운동은 사회생활 속에서 서로 간에 마음의 문을 열어주는 운동이었습니다. 자신의 걱정스러운 일이나, 각자 지니고 있었던 비밀들을 꺼내어 공개하게 합니다. 이 운동에 중요한 일원으로 15년 동안 일해 왔습니다. 내가 의사이기 때문에 환자들은 자기들의 속마음을 쉽게 털어놓았습니다. 사람들이 얼마나 무거운 인생의 비밀들을 짐으로 지니고 살아가는지에 대해 알게 되었습니다. 인간은 완전히 고독하게 삽니다. 외로움 속에서 평생을 살아갑니다. 이것이 그들의 건강에 영향을 줍니다. 정신적이든, 육체적이든 영향을 받습니다.

우리가 하나님 앞에서 조용히 묵상하고 있을 때, 하나님의 음성을 듣고자 조용히 침묵의 시간을 가질 때, 사람들은 자신의 문제가 무엇인지를 발견하게 됩니다. 물론 잘못 생각할 때도 있습니다. 그러나 그것이 잘못되었다는 사실을 곧 알게 됩니다. 우리가 조용한 시간을 계속 갖는다면 침묵 가운데 우리 마음속에 떠오르는 생각이, 하나님의 음성이라는 것을 알게 됩니다. 동시에 자신의 생각 가운데 무엇이 잘못되었으며, 이전에는 하나님의 음성이라 생각했던 것이 잘못되었다는 사실마저도 알게 됩니다. 그것은 자신이 스스로에게 더 정직해지는 결과이기도 합니다. 정신분석학자 프로이드(Freud)는 전혀 종교적인 인물이 아닌데도 묵상의 중요성에 대해서 말했습니다. 그러므로 나의 경험들은 정신분석학자들의 주장과 매우 가깝습니다.

1937년 어느 날, 나는 이러한 분야의 연구에 일생을 바치기로 결심하였습니다. 지금까지도 이 결정이 잘못되었다고 생각하지 않습니다. 그리고 이 생각은 하나님으로부터 온 생각이며 하나님은 이를 위해 나를 부르셨다고 믿습니다. 오랫동안 사귀었던 친구들의 물질적이고 조직적인 생각은 나의 소명과는 거리가 멀었습니다. 사람들로 하여금 자신들의 내면의 소리를 듣게 하고, 자유롭게 반응하도록 하는 것이 나의 목적이었습니다.

세계 각 곳에서 많은 의사나 전문가들이 나의 생각에 적극적으로 호응해 왔습니다. 1940년, 전쟁 중에 출판된 《인격 의학(Medicine de la personne)》을 읽은 사람들이었습니다. 이것은 육체적인 면과 정신적인 면, 사회적인 면 그리고 영적인 면에 있어서도 오직 하나의 해답밖에는 제시하지 않습니다. 조용한 시간을 갖고 하나님 앞에서 침묵함으로, 그분의 음성을 듣는 일인 것입니다. 많은 사람들이 이에 대해 나와 함께 마음을 같이하기를 기대합니다.

나는 독일의 배드볼(Bad Boll)에 있는 한 복음주의 학교에서 연구하였습니다. 당시에 독일은 물질적으로나 도덕적으로나 피폐한 상태였습니다. 사람들은 나치즘(Nazism)이 나라를 엉망으로 만들었다고 비난하였습니다. 인간의 문명에서 영적인 요소가 제거되고 나면, 인간의 존엄성이 파괴된다는 사실이 증명되었습니다.

사람들은 인간 문화의 의미가 무엇인지에 대해 의문을 가졌습니다. 독일의 의사, 변호사, 예술가, 경제 전문가 그리고 건축가들에 이르기까지 모든 지식인들이 이 피폐한 독일의 현실에 대해 분분한 논쟁을 벌였습니다. 나는 독일전쟁 이후의 피폐함 가운데서, 의학의 의미에 대해 생각해 보았습니다. 각기 다른 종교를 가진 사람들이 이에 동참하였습니다. 우리는 이 모임을 보시 그룹(Bossey Group)이라 칭하였는데, 이는 보시(Bossey)에서 그 첫 모임을 가졌기 때문입니다. 이 곳에는 제네바의 평신도 운동(Ecumenical Institute) 본부가 있었습니다.

의학은 단순한 과학이나 기술의 학문이 아닙니다. 인간의 범주에 속해 있는 학문입니다. 다만 의학은 과학적인 기술을 사용하여 질병의 요소를 소멸시키려고 합니다. 그러므로 의사는 환자와의 전인격적인 관계를 가지고 질병의 치유를 이끌어내야 합니다. 이 기능을 전적으로 성취하기 위해서는, 환자가 자신의 삶을 다른 사람들과 원만하게 이루는 것이 선결 문제입니다. 뿐만 아니라 그와 세상과의 관계, 그리고 그와 자연과의 관계, 나아가서는 그와 하나님과의 관계가 폭 넓게 이루어지도록 도와주어야 합니다.

환자들에 대한 인격적 접근이 오늘날 의학의 새로운 영역으로 개척하게 했습니다. 이 경험을 바탕으로, 국제회의에서 공동으로 연구하고 토의하는 가운데 '새 인격의학'이 탄생되었습니다. 또한 이를 바탕으로 하여, 이 분야의 책이 다량으로 나오게 되었습니다.

한스 샤프너 박사(Dr. Hans Schaffner)는 인간이 자신의 인생을 이끌어감에 있어, 그 근본적 요소가 무엇인지를 찾아야 한다고 말했습니다. 내 경우에 있어서는, 그 요소가 되는 것이 바로 어머니의 죽음이었습니다. 이 실타래 같이 엉킨 인생사를 하나하나 끄집어내어 결국 내 자신이 어떤 인간이라는 사실을 알게 해 주었습니다. 어머니의 죽음은 내게 있어서 가장 큰 비극이었으며 불행 자체였습니다. 그것으로 인해 나의 인생이 끝난 것도 아닌데…. 많은 고아들이 어렸을 때의 충격 때문에 일생동안 자신의 마음 문을 열지 못하고 삽니다.

우리는 자신을 제대로 컨트롤(control)하지 못하는 경우가 많습니다. 중요한 것은 우리에게 닥치는 어떤 일에 대해서, 어떻게 반응하느냐 하는 것입니다. 긍정적으로 반응하느냐, 아니면 부정적으로 반응하느냐 입니다. 이 때 생각해야 하는 것은, 이런 문제에 부딪칠 때 자신이 혼자가 아니라는 사실입니다. 우리의 반응양식은 다른 사람들의 도움에 많이 좌우됩니다. 다른 사람의 도움은 바로 진실한 만남(encounter)에서 이루어집니다.

사실 이러한 '만남'은 그렇게 쉽게 다가오는 것이 아닙니다. 그것은 하나님의 은혜입니다. 한 인간을 참 만남으로 인도하시는 분은 하나님이십니다. 그분은 우리 인간이 무한한 슬픔이나 실패의 늪 속에서 방황할 때 도움을 요청하면, 우리를 진정한 만남으로 인도해 주십니다. 우리가 성공할 때나 그래서 기뻐할 때도 마찬가지입니다. 인간의 기쁨이 넘치는 순간에도 우리에게는 도움이 필요합니다. 하나님은 만남을 통해서 우리를 인도해 주십니다. 인생의 황혼기에 우리에게 남아있는 것이 무엇이냐 하는 것은 우리 생애에 하나님으로부터 온 것이 무엇이냐 하는 것과 같은 뜻입니다.

11

지금도 새 모험을 향하여…
— 1984년 7월 —

   먼저 이 책을 쓸 수 있도록 권유해 주신 찰스 피게(Charles Piguet) 선생께 감사를 드립니다. 각종 인터뷰와 쓴 글들을 모아 주신 노력에 대해서도 감사를 드립니다. 때문에 서로 반복되는 내용들이 있을 수도 있습니다. 독자 여러분에게 양해를 구합니다. 더불어 이 마지막 장(章)은 나에게 있어 가장 소중하게 생각되는 글입니다.

   아내 넬리(Nelly)와 결혼해서 산 지 60년이 되었습니다. 이제 그녀는 저 세상으로 갔습니다. 두 달 전에 나는 코린 오라마(Corrine O'rama)와 결혼하였습니다. 지금의 이 글은 다분히 새로운 나의 인생 기록이 될 것입니다. 인간의 삶은 새로운 출발의 끊임없는 연속이라 할 수 있습니다. 왜냐하면 우리의 삶에서 모험이라는 것은, 지루하게 반복되는 일상생활의 끄트머리에서 발생되기 때문입니다. 가끔 기대하지도 않았고 예상하지도 못했던 사건들이 우리에게 활력을 불어 넣어주는 요소가 됩니다.

코린과의 결혼은 갑작스러운 것이었습니다. 아내도, 당사자인 나도, 내 주위의 친구들도 전혀 예상치 못한 일이었습니다. 우리의 첫 만남은 지중해를 항해하는 선박 위에서였습니다. 내가 그 배를 탄 것은 사람들에게 강의를 하기 위해서였고, 코린(Corrine)은 그들에게 연주를 하기 위해서였습니다. 우리는 공동의 목적을 위해 서로 긴밀히 협조하기로 했습니다. 코린은 학교에서 배운 음악에 의존하는 것이 아니라, 완전히 자기 음악을 새로 창조해서 연주했습니다. 그녀의 새 음악이 우리의 마음을 움직여 주었습니다. 코린은 내 권유에 의해 묵상으로 마음의 감동을 받았고, 그녀의 음악은 나의 마음을 열게 했습니다.

두 사람은 서로의 필요가 무엇이라는 사실을 알게 되었습니다. 배 위에서의 와자지껄한 소음 속에서도, 우리 두 사람은 함께 그들을 위한 일에 마음을 쏟았습니다. 아무 거리낌 없이 서로의 매력에 끌려 일했습니다. 목적지에 도착하여 육지에 상륙했을 때, 비로소 서로가 각자 자신들이 혼자라는 사실을 발견했습니다. 기차에 올라 나란히 자리를 잡고 앉았습니다. 아무 말도 하지 않으려 했지만, 내가 침묵함으로 그녀를 어색하게 만들지나 않을까 하는 두려움에서 그녀에게 말을 걸었습니다. 그러나 코린 역시 침묵을 원하고 있었습니다.

우리의 침묵은 계속 되었습니다. 기차가 움직이는 소리만이 침묵을 깨뜨려 주곤 했습니다. 나는 마음이 점차 그녀를 향하고 있음을 알았습니다. 그녀 또한 나를 생각하고 있음을 느꼈습니다. 우리는 서로 같은 생각을 하고 있었던 것입니다. 아주 작은 손짓 하나에서도 서로 같은 사랑의 마음을 고백하게 되었고, 침묵으로 서로에게 하고 싶은 말을 하며 들을 수 있었습니다. 이 침묵을 통해서 우리는 마음으로부터 이미 서로 사랑하고 있음을 느꼈습니다. 이것이야말로 진실로 큰 사랑이 되었습니다.

남편의 위치, 권리 그리고 아내의 위치와 권리, 이런 것들이 피차 동등한 입장에서 받아들여지고 성스럽게 인정되어지지 않는다면, 두 사람의 결혼은 이루어질 수 없다고 생각했습니다. 나의 아버지는 어머니보다 32살이나 연상이었습니다. 그분들이 결혼할 때에는 아버지의 나이가 60세였습니다. 그러나 지금 내 나이는 86세입니다. 내 마음속에는 수많은 생각과 상념이 서로 갈등하고 있었습니다. 더구나 재혼에 대한 두려움은 마음속에서 떠나지를 않았습니다. 참으로 어려운 일이었습니다. 나는 고립된 세계 속에서 잠잠할 수밖에 없었습니다. 그리고 계속 고민했습니다.

나의 모든 문제에도 불구하고 코린은 침착하게 행동했습니다. 그녀는 "우리 자신이 하나님의 인도하심을 받는 것으로 충분합니다."라고 말했습니다. 하나님의 인도하심이 어디에 있는가를 찾는데로 귀착하였습니다. 코린은 묵상으로 하나님의 인도하심

(God's Guidance)을 따르는 사람이었습니다. 비록 그에 대한 믿음이 충분치 않을지라도 하나님은 우리를 인도하신다는 확신이 생겼습니다. 하나님이 왜 우리를 인도하시는가에 대한 이유는 알 수 없지만, 그분은 분명히 우리를 인도하고 계심을 믿었습니다. 나는 늘 하나님으로부터 직접적인 말씀을 듣는다고 생각했지만, 그녀에 대한 나의 마음을 결정하는 데는 주저하였습니다. 나에게 주신 하나님의 음성이 아닐지도 모른다는 두려움이 사라지지 않았습니다.

우리의 삶에 있어서, 어느 것이 하나님의 인도하심인지를 결정하기란 그리 쉬운 일이 아닙니다. 하나님은 아주 드물게 응답하십니다. 침묵하심이 우리에게는 얼마나 견디기 어려운가를 자주 경험합니다. 비록 침묵하실지라도 하나님은 우리를 부르십니다. '하나님의 말씀을 듣는다'고 할 때, 무슨 대답을 바라고 질문하는 것은 아닙니다. 나는 코린과의 관계를 거의 청산할 단계에까지 이르렀습니다. 그 때 아주 작고 세밀한 음성을 들을 수 있었습니다.

"너는 지금 무엇을 하고 있는가?"
"왜 너는 두려움에 희생되려 하는가?"
"왜 네 자신을 세상의 선입관에 제물로 삼으려 하는가?"
"왜 너는 너를 사랑하는 사람을 희생시키려 하는가?"
"근심 걱정이란 나쁜 상담자라는 사실을 모르는가?"

"이유는 이유를 불러오고 해결이 없다는 사실을 왜 모르는가?"
"인생이란 수학 공식이 아니다"라는 음성 들이 들렸습니다.

나는 수학자 파스칼(Pascal)을 생각했습니다. 그는 '신앙의 승부'에 대해서 말했습니다. 인간의 사랑도 역시 승부입니다.

내 마음속에 비로소 평화의 강물이 흘렀습니다. 신앙과 사랑 안에서는 아무것도 두려울 것이 없었습니다. 코린에게 내 마음의 결심을 말했습니다. 결국 우리 인생의 긴 여정이 시작되었습니다. 우리는 결혼하였습니다.

새 삶의 시작부터 우리를 사로잡은 것은 창의력의 문제였습니다. 코린은 많은 대중 앞에서 즉흥적인 연주를 해 내었습니다. 우리는 예술적인 입장에서도, 문학적인 입장에서도 그리고 과학적인 입장에서도 창조성을 어떻게 살리느냐에 마음을 썼습니다. 코린과 나는 이 문제를 과제로 토의하였습니다. 창조적 직관이란 언제나 제한되고 구속받게 됩니다. 그런데 직관이란 자의적이어야 하고 자유로워야 하는 것입니다. 그렇지 않다면 그것은 직관이라 할 수 없습니다. 창조성이란 인간 마음의 가능성을 일컫는 말입니다. 근심과 걱정이 인간의 창의력을 손상시킵니다. 코린은 창의력을 고양시키고 자유롭게 해줄 수 있는 것이 바로 하나님의 영이라고 했습니다. 하나님의 영이 세상에 오셔서 인간에게 생기를 불어넣고 있으며, 원자핵의 가장 작은 분자에서부터 예술가의 마음에 이르기까지 모든 것에 원기를 회복시켜 줍니다.

우리는 전인격적인 치유에 관한 생각이 서로 비슷하다는 사실을 알게 되었습니다. 나의 관심은 질병의 치유에만 있지 않습니다. 환자들의 인간성이 내 관심의 대상입니다. 나의 진정한 목적은 환자와 대화를 나누는 것입니다. 이 분야에 남은 생을 바치기로 결심했습니다. 환자에게 인간의 따뜻함을 전해주고, 그들에게 닥쳐오는 문제들에 대하여 담대하게 도전하도록 격려해 주는 일입니다. 신앙의 경험을 말해줌으로써, 한 인간으로서의 당당한 삶을 영위해 나갈 수 있도록 그들의 영적인 힘을 깨우쳐 주려는 것입니다. 동시에 그들이 갖고 있는 질병의 깊은 의미를 파악하게 하여 원만한 치유가 이루어지게 하는 것입니다.

의사에게는 두 종류의 과업이 주어진다고 생각합니다. 그 하나는 과학적인 과업입니다. 환자를 잘 진찰하고 그에 대해 바르게 처방하는 일입니다. 다른 하나는 인간적인 과업입니다. 환자를 한 인간으로서 대하는 것입니다. 첫 번째 것은 의사 스스로 감당할 수 있는 것이며, 이를 위해서는 의과대학에서 필요한 과정을 이수해야 합니다. 두 번째 과업은 환자가 확실한 신뢰심을 바탕으로 의사를 믿어야 가능한 일입니다.

총체적으로, 의사란 혼자서만 치료하는 사람이 아닙니다. 의학대학 과정을 수료한 자격증이 필요한 것도 아닙니다. 어떤 사람이든지, 다른 사람을 한 사람의 인격자로서 바르게 성장하도록 도와주려는 마음만 갖고 있다면, 그가 바로 참다운 의사입니다.

내 아내 넬리(Nelly)가 바로 이 부류에 속합니다. 그녀는 인격의학의 치료를 슈퍼마켓(supermarket)이나 버스 안에서 실행했습니다. 내가 병원에서 인격 치유를 하고 있는 동안에, 그녀는 생활 속에서 이를 실천하였습니다. 그녀는 모든 사람에게 관심을 기울였습니다. 사람들이 어려움에 처할 때에는 풍부한 자신의 인생 경험을 말해주고 친절한 자세로 그들에게 용기를 주었습니다. 그래서 나와 아내는 믿음에서 하나가 되었고, 헌신에서 하나가 되었습니다. 그리고 피차간의 사랑에서도 하나가 되었습니다.